메주월령가

본 출판물은 <2022-2023 설미재 아트팜 프로젝트: 포스트 코로나 시대의 新농경문화와 현대미술의 만남> 전시에 출품된 작품으로 '한국문화예술위원회 - 2022년도 시각예술창작산실 공간지원 사업'의 지원을 받아 제작되었습니다.

**땅 없는 농부가 콩으로
메주를 쑤는 법**

# 메주월령가

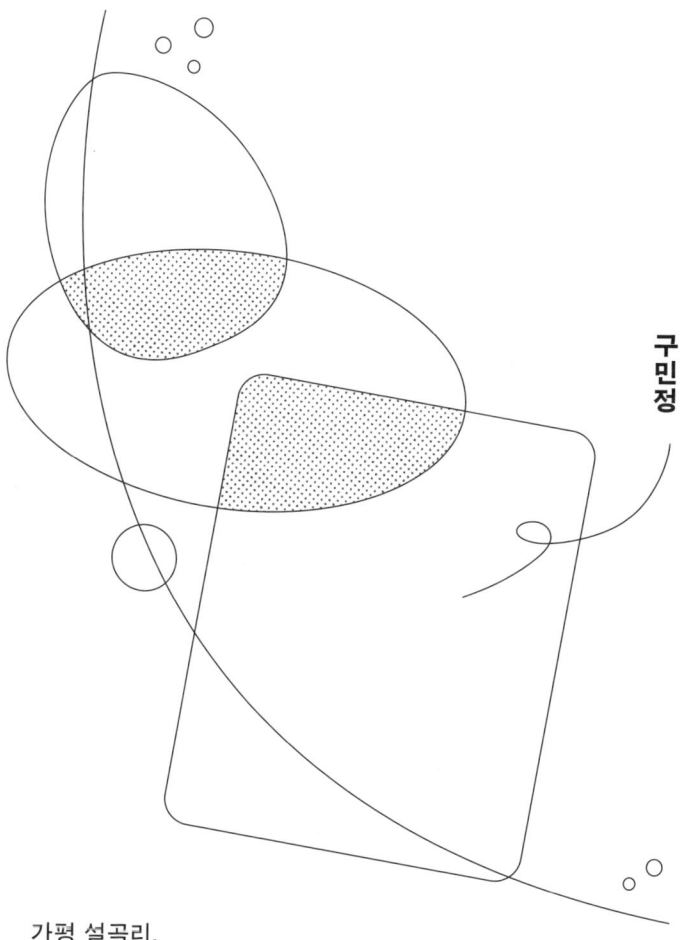

구민정

가평 설곡리,
도시인이 몸으로 살아본 사계절

site&page

빈 들
들판에 부는 바람
여리고 아름다운 너에게

## 차례

메주월령가 ——————— 9
주요 등장 인물 ——————— 11
머리말 ——————— 14

**여름** 2022 ——————— **17**

**가을** 2022 ——————— **33**

**겨울** 2022~2023 ——————— **61**

**봄** 2023 ——————— **115**

맺음말 ——————— 172
연결된 느낌을 회복하다.
고독한 서울러의 심정적 농부 되기

Thanks to ——————— 176

## 메주월령가*

2022년 여름부터 2023년 봄까지 가평 설곡리 농부의 집을 왔다갔다하며 콩 농사를 돕고 메주 쑤고 된장을 담갔다. 20년차 도시인이 콩밭 한 뙈기에서 보낸 사계절의 기록을 이 책에 담았다. 어떤 날은 반나절 짬을 내어 후딱 다녀오기도 하고, 어떤 때는 느지막이 오후에 일을 마치고 농가에서 내주는 참을 먹고 오기도 했다.

  이 프로젝트를 통해 글쓴이는 참여-관찰자로 땅을 가지지 않은 농부가 된다. 시골형 도시인(rural urbinite)이다. 밭을 소유하지 않아도, 농사를 직접

짓지 않아도 땅과 연결된 느낌은 누구나 가질 수 있다. 현실적으로 모두 농부가 되긴 어렵다. 그렇다면 '농경의 시간'을 빌리자. 도시에 살더라도 농부의 마음을 마음 한곳에 키워나가자. 중요한 것은 사각의 건물을 뛰쳐나와 계절을 느끼고, 먹이를 직접 재배하는 과정을 통해 세상과 연결된 느낌을 회복하고, 자연의 순환을 따르는 생활을 체감하는 것이다.

책에는 농사 얘기, 메주 얘기만 있지 않다. 도시에서 보낸 시간, 때때로 찾아오는 외로움과 그럼에도 도시의 생기를 사랑하는 마음, 생계를 스스로 책임지는 1인 생활자의 허우적거림도 다 담았다. 서울에 가평이 스며들고, 가평에 서울이 번져나갔다. 그러면서 콩들이 서로를 붙들고 덩어리가 되어가는 메주처럼 도시인과 농부의 삶에도 어떤 고소한 끈끈함이 녹진녹진 스며들어갔다.

---

\* 월령가(月令歌): 달의 순서에 따라 한 해 동안의 기후 변화나 의식 및 행사 따위를 읊은 고전 가사 형식이다. 정학유의 「농가월령가」가 유명하며, 이런 가사를 '월령체 가사'라 한다. 매달 농가를 방문해 콩 심기부터 메주 쑤고 된장 만들기까지 콩의 모든 시간을 몸으로 함께한다는 의미에서 프로젝트 제목을 '메주월령가'라 정했다.

주요 등장 인물

글쓴이
**구민정(41, 서울 용산)**
"공기처럼 익숙한 자유가 좋지만 어느 날 기체처럼 사라질까봐 두려웠다. 단단히 대지에 발 딛고 있는 느낌, 그걸 가질 수 있다면……" 20세 이후 서울 거주 21년째. 생애 어느 때도 농촌을 가까이 경험해본 적이 없다. 서울에서 혼자 산다. 파주에서 편집자로 일한다. 일기를 쓰고, 아무 것도 아닌 장소에 가보기를 좋아한다. 와인 얼룩이 묻은 옷을 몇 벌 가지고 있다.

'2022~2023 설미재 아트팜 프로젝트'에 작가로

참여했다. 매달 가평 된장·김치 명인의 농가를 방문해 콩 심기부터 메주 만들기까지 내 손으로 내가 먹을 된장을 천천히 만들었다. 집에는 달랑 전자레인지밖에 없던 도시인이 어설픈 노동으로 꾸준히 실수와 도전을 반복하며 제 먹이를 스스로 마련해보았다. 계절의 변화를 실감하고 몸을 쓰며 건강해지길 바랐고 다른 사람들도 그 과정을 느껴보길 바라는 마음에서 이 글을 썼다. 프로젝트가 끝나는 날 된장 한 단지를 획득한다. 그걸로 된장찌개를 끓이면 맛있을까? 기대된다.

**참여자**

**농부 김영기(54, 가평군 설악면)**

책에서는 '모모'로 등장한다. 2009년부터 14년째 농사를 짓고 있다. 서울에서 컴퓨터 일을 하다 회의를 느끼고 고향으로 내려와 부모님께 농사를 배우기로 결심, 농부가 되었다. 콩, 밀, 쌀, 배추, 고추, 들깨, 참깨를 키운다. 빵 굽는 냄새가 좋아 시골 빵 교실도 운영한다.

**메주 장인 박선영(농부의 어머니. 84, 가평군 설악면)**

된장·고추장·김치 명인. 스무 살에 가평으로 시집 와 줄곧 농사를 지으며 철마다 간장 된장 고추장 김치를 담근다. 2021년 11월 SBS 〈생활의 달인〉 '국보급 고추장 달인' '김치 달인'으로도 소개됐을 만큼 탁월한 장맛으로 유명하다. 콩, 고추, 쌀 재배부터 장에 필요한 모든 재료를 직접 길러 메주를 뜨고, 짚으로 엮어 발효시켜 된장 고추장을 만든다.

머리말

나는 동물이다. 먹이를 먹고 안전한 곳에서 잔다. 그리고 다시 일어나 먹이를 먹고 영차영차 먹이를 벌러 일하러 간다. 하지만 내가 먹는 것이 땅과 바다에서 나온다는 사실을 잊은 지 오래, 매일 살아가는 나의 장소도 그저 잠시 잠을 자는 곳일 뿐. 2022년 서울 용산에서 스스로를 책임지고 보살피며 살아가는 내 외로움의 많은 부분은 내가 뿌리 뽑힌 존재이기 때문 아닐까?

 꼭 땅을 가져야 농부가 될 수 있는 것은 아니다. 땅 가까이 있으면, 거기서 작물을 수확하고 꼭꼭 씹어

먹으면, 마침내 계절을 온몸으로 느낄 수 있는 사람이 되면 그게 농부다. 나는 서울 한가운데 사는 농부가 되기로 했다. 밭은 빌리면 된다. 나에겐 가평에 사는 농부 친구가 생겼으니까.

나는 콩을 좋아한다. 콩 음식이 지천으로 널린 파주에서 일하는 노동자이기도 하다. 그래서 된장을 만들어 먹기로 했다. 가장 비효율적이기 짝이 없고 느린 방법이 좋겠다. 그럼 처음부터 해야지. From Scratch! 콩 심기부터 보살피기, 수확까지. 그 콩으로 된장을 만들고 된장찌개를 만들자.

슬리퍼 끌고 나가 시장에서 9천 원이면 사먹을 수 있는데? 하지만 나는 연결된 느낌을 가져보고 싶었다. 땅에서 자란 콩이 오랜 시간 햇빛을 받고 물을 머금어 영글고 나는 기다리고, 마음 졸이며 계속 기다리고, 그러다 마침내 콩을 수확해 장을 담가 그걸 밥상에 올리고 따뜻한 된장찌개를 한입 "음!" 하며 음미하는 과정을. 그 무용해 보이는 과정에 무엇이 있는지 느껴보고 싶었다.

물론 큰 기대는 금물이다. 어쨌든 하는 게 좋겠다. 이 된장 만들기 프로젝트는 자주 어디론가 차를 타고 떠나 새로운 공기를 호흡할 강제적인 핑계를 제공해줄 것이다. 가평으로! 일단 해보자. 집밖으로 나가자.

여름

2022

**7월 31일 일요일. 거의 종일 비. 저녁엔 세차게 내림**

그 무렵에는 움직이는 행동만이 평화를 주었다.
좀처럼 안정감을 느낄 수 없었고 역설적이게도 내
발로 걷고 있거나 자전거 페달을 밟거나 시동을 켜고
차를 달려 길 위에 있을 때 비로소 조금 마음이 놓였다.
어딘가로 이동하고 있는 순간만큼은 어두운 기억에
사로잡히지도, 알 수 없는 미래에 공포를 느끼지 않아도
되어 좋았다. 돌이킬 수 없는 추억도 미지의 시간에
대한 불안도 모두 가상의 것임을 확인시켜주었다.
한 걸음 한 걸음 현재뿐인 길 위에서 나는 구체적으로
존재하고 싶었다. 머리가 아닌 몸으로. 나는 사람과

눈을 보며 이야기하고 싶고 습기가 끼쳐오는 날씨와 따갑게 울어대는 매미와 손에 잡히는 것들을 무조건 원했다. 구체적인 것만이 나를 안심시켜주었다.

그래서 산촌에 가기로 했다.

가평이다.

가평은 구름의 도시다. 구름은 안개와 다르다. 안개의 울적하고 침침한 기운 말고 그윽이 드리운 산자락의 구름 같은 것. 가평은 구름에 걸쳐 있다.

이날은 비가 많이 왔다. 서울양양 간 고속도로는 차로가 그리 많지 않다. 터널에 들어가고 빠져나오길 반복하며 어느 때는 차선도 가늠하기 어려워 비상등을 켠 채 주행했다.

시골 카페에서 앞으로 나와 함께할 모모를 만났다. 몇 번 본 적이 있지만 아직 어색하다. 모모는 당최 내가 농촌을 '느끼러' 여기 계속 오겠다는 게 믿기지 않는 눈치다. 왜?

"목표가 뭐예요?"

"저도 몰라요. 그게 아직 없어요."

정해진 건 아무것도 없다. 어쩌면 공연히 시간 낭비일

뿐인 게 맞다.

그러나 우리는 낭비하기 위해 모였다.

세상의 모든 중요한 것들은 낭비다. 특히 시간 낭비.

1분 1초도 허투루 보낼 수 없는 세상에서 시간은 돈을 벌거나 나에게 유익한 관계를 형성하거나 건강에 도움이 되거나 그런 데 쓰여야 한다. 하지만 시간을 좀 낭비하면 안 될까? 난 그런 마음으로 산촌에 왔다. 그리고 낯선 사람들에게 문을 두드린다. 나와 같이 시간을 낭비해달라고. 당신의 계절을 보여달라고.

설미재 미술관 추경 관장님은 계절이란 말에 반색을 하신다.

"계절. 그래, 처음 여기 왔을 땐 그렇게 좋았어. 그런데 뭐든 익숙해지고 삶이 바빠서 잊어버려요. 가끔 친구들이 놀러와서 부러워하면 그때 깨달아요. 앞산에 아침 점심 저녁 구름이 걸려 있고, 처음에 그렇게 환희하던 걸. 소나무에 빨간 담쟁이가 올라가고. 우리가 행복에 겨워 잊어버리고 있는 걸. 농부님, 예술이란 건 그렇게 계획하고 딱 계획한 대로 나오고 그러지를 않아요. 예술가들은 그러지를 않는단 말이야."

난 내가 예술가라고 생각해본 적이 없는데(예술가를 도와주는 편집자로서의 정체성이다) 문득 누가 나를 그렇게 칭해주는 걸 들으니 마음이 뭉클하다. 잠꼬대할 때조차 "나는 예술가다!" 하고 중얼거릴 것 같은 자의식은 지켜보기 아름답지 않아 오히려 나를 몸서리치게 만드는 무엇이지만 일상이 예술이라면, 삶을 가꿔나가는 우리 모두가 예술가라면 그런 예술은 좋다. 한순간이라도 아름다움을 느끼며 산다면 모두 예술가 아닐까? 그걸 느끼고 싶어서 낯선 곳에 내 몸을 옮겨놓았다.

일단 교환일기를 써볼까?

모모의 눈이 일기라는 단어에서 반짝 빛난다. 누구나 자신의 서사가 있다. 자기 삶을 기록하고 싶다. 각자 일기를 쓰고 나중에 만나 낭독회를 하기로 했다. 아주 평범한 것이어도 좋다. 오늘 키운 작물, 나를 서운하게 한 사람, 키우는 강아지 이야기…… 단 한 가지만 부탁했다. 계절을 많이 담아달라고. 난 회사에서 일하면 하루 종일 해가 뜨는지 지는지 날씨는 어떤지 잘 알 수가 없고 그래서 종종 우울해진다고. 몸으로 일하는 삶을 타인의 일기로라도 느껴보고 싶었다.

모모에게 이것저것 물어보았다.

"처음부터 콩을 키웠나요?"

"아버님 농사짓는 걸 물려받아서 벼를 가장 먼저 시작했죠."

"제가 풀 뽑으러 올까요?"

씨익 웃으며 "풀 뽑기 한번 하고 나면 '이렇게 힘들구나……' 하는데요."

몸이란 얼마나 정직한가. 한여름 뙤약볕 아래서 몇 분이라도 고되게 육체노동해보면 안다. 머릿속 상념이나 고차원적인 줄 알았던 고뇌가 한낱 얼마나 우스운 추상이었는지. 인간은 생각함으로써 문명을 이뤘지만 때론 그 생각이 발목을 잡아 인간을 우울의 나락으로 이끈다. 나야말로 그 풀 뽑기 반나절이라도 제대로 할 수 있을까?

난 들은 얘기를 주워섬긴다.

"근데 풀 뽑기 혹시 남도 시키세요? 저 아는 분은 남을 한번 시켰더니 그분이 정원에 심어둔 꽃모종을 다 뽑아버렸다고 하더라고요. 그후론 남 안 시킨대요."

모모가 회상한다.

"내가 모를 그렇게 뽑아버렸어. 그런데 아버지가 혼내지도 않고 모를 하나하나 다시 심으시더라고."

"아예 못쓰게 된 건 아니었나봐요?"

"다시 심으면 되는 상태였으니까."

우린 각자 일기를 쓴 다음 8월에 낭독하기로 약속하고 헤어졌다.

돌아오는 길에 비가 세차게 내린다. 요즘 들어 불쑥 떠나고 싶은 때가 많다. 가평은 언제나 더 멀리 떠나고 싶게 한다. 집으로 돌아가지 않고 이대로 내처 춘천까지, 강릉까지, 속초까지 달리고 싶은 마음.

그 마음을 간신히 억누르고 여러 개의 터널을 통과하며 차선이 잘 보이지 않는 길 위를 운전한다. 왜 못 떠나는가.

머지않아 곧 떠날 것이다. 그대로 춘천으로, 내키면 속초까지. 그런 걸 망설이는 내가 아니었는데, 서울에 꼭 돌아가야 할 이유도 없는데.

아마 혼자 남겨질 밤이 싫은가보다. 하릴없이 서울로 돌아간다. 습기와 안개를 벗 삼아. 외로움을 인정하는 일에서 묘한 즐거움을 느낀다. 대신 뭐든 열심히 할 것이다. 수영을 하고 낯선 사람을 만나고 낯선 세계를 볼 것이다.

8월 15일 월요일

**머리를 가지런히 바람에 맡긴 미루나무처럼**

광복절이야. 내 생일 전날이고.
  특별한 날, 특별한 장소. 그런 것들이 기억되지 않길 바랄 때가 있어. 기억이 얼마큼 무서울 수 있다는 것을 알기에.
  지난 1월. 바람이 살을 에던 그때 우리는 헤어지기 위해 만났지만 그 마지막 만남이 아쉬운 듯 돌아가길 주저하며 저녁 시간을 내내 함께 보내고 와인도 마셨지. 약속된 마지막 날인데 정말 즐거웠지 않아? 여느 때처럼. 다시 볼 수 없단 걸 알고 죽는 날까지 다시 보는 일이 없을 테니 이제 서로의 장례를 치르는 것과 같다고 굳게 결심하면서도 한편으론 어느 때고 이런 유쾌한 술자리가 한없이 계속될 줄 알았나봐. 영영 헤어질 거면서 언제라도 다시 볼 수 있을 듯 행동하는 연인처럼. 그날 우린 술김에 호기롭게 약속했어. 내 생일 전날 밤 다시 만나기로. 헤어지던 날 그런 약속을 했어. 그리고 오늘이 그날이야.

난 당신이 연락하지 않을 걸 알아. 헤어진 후에 한 번도 연락하지 않은 우리가, 이제 와서 그 약속을 지킬 리가 없잖아. 그러기엔 너무 늦었어. 난 당신이 너무 보고 싶고 한편으론 당신을 보는 게 너무 두려워서 만나는 장면을 상상하는 것조차 고통스러워.

후회해. 왜 그런 약속을 했을까?

특별한 장소에 가지 않을 거야. 특별한 날을 기억하지 않을 거야. 아무 것도 만들지 않을 거야. 하지만 아무 기억도 흔적도 없는 삶이란 결국 죽음과 같은 거겠지. 우린 살아 있으니까 살아간다는 것의 무서움도 모르고 하루하루 이렇게 살아가는 거겠지?


수영 친구들과 수영을 마치고 홀연히 올림픽공원 수영장에서 파주까지 달렸다. 내겐 너무 익숙한

길이다. 루트를 고민하거나 창의성을 발휘할 필요가 전혀 없는 파주 가는 길.

바람이 쌩쌩 많이 분다. 정확히 일주일 전인 지난 월요일 큰비가 내렸다. 어제도 비가 꽤 왔다. 달리며 보니 한강물이 흙빛으로 불어 있다. 잠수교 턱까지 물이 차올랐다. 잠수교는 통제된 듯 아무 사람도 자전거도 다니지 않는다.

미루나무가 바람에 한쪽으로 일제히 머리카락을 향한 채 담담히 서 있다. 달리며 나는 위안을 받는다. 요즘은 구름과 회색 하늘과 요란한 바람 소리를 사랑한다. 대기에 낀 먼지를 몰아내듯 그런 것들이 내 자잘한 감정을 모조리 쓸어가주길 바라는 흉포한 마음이다.

요즘 나에게 정해진 건 아무 것도 없다.

우연에 기대어 흘러가며 어떻게 될까 말까, 어떻게 될지 모르지만 뭔가 될 것만도 같은 한 가닥 가능성에 의존해 어둠 속을 뚫고 더듬더듬 나아갈 뿐이다.

비가 곧 올 모양인가. 바람 소리가 더 거칠어진다.

8월 18일 목요일. 무덥고 후텁지근한 날씨

가평 가는 길, 조경가와의 대화

"조경을 할 때 좋아하는 식물이 있어요?"
 "전 너무 까다롭지 않고 생명력 있는 애들을
좋아해요. 이끼. 이끼를 좋아하죠."
 "이끼요? 이끼는 연약하고 잘 죽을 것 같은데요?"
 "그렇지 않아요. 물과 그늘이 있는 곳이라면, 잘 봐요.
이끼는 어디나 있어요. 심지어 물이끼라도 끼잖아요."
 "하긴, 생각해보니까 돌에도 이끼가 끼잖아요?"
 인식하지 못하던 건데 몇 마디 말만 듣고도 보이지
않던 것들이 보이고 시야가 열리는 경험, 오랜만이다.
모모네 집 앞마당 돌에 이끼가 송송 붙어 있었다.

가평에 갈 때마다 차를 같이 타고 가며 조경가가 해주는 이야기를 듣는다.

숲은 소란하다. 우리 눈에 보이지 않는 곳에서 보이지 않는 속도로 치열하게 움직일 뿐이다.

나무도 자리를 잡았다가 경쟁하고 이주한다. 예를 들면 숲의 주민이 개나리, 소나무, 참나무, 서어나무 순서로 바뀐다. 개나리 같은 관목이 땅에서 자라다 씨앗을 멀리 퍼뜨리는 소나무가 그 땅을 차지하고 들어와 한 시절을 살고, 땅을 잘 일궈놨더니 소나무보다 키가 커서 불쑥 솟아올라 햇볕을 마음껏 받는 참나무가 또 그 숲을 차지한다. 이런 과정을 '천이'라고 하는데, 이 단계의 끝에 있는 최후의 권력자가 서어나무다. 아주 안정된 늠름한 마지막 승자랄까? 한국에 서어나무 군락은 주로 남쪽에 있고, 많지 않다. 하지만 시간이 흘러 숲의 역사가 깊어지면 더 생겨나겠지.

경쟁도 해야 하고 이사도 해야 하는 식물의 삶이라니, 땅속에서 꽤 분주할 듯. 동물만 분투하며 사는 게 아니군. 남들도 고생한다는 사실에서 위로받는 나, 쫌팽이 같나? 공감이라고 해두자.

**8월 21일 일요일**

차 밖으로 나가면 숨도 제대로 쉬기 어려운
한낮이었지만 해가 떨어질 시각이 되자 거짓말처럼
대지는 고요하게 식는다. 열기는 남아 있지만 끈적이던
습기는 빠르게 물러가고. 흙과 돌이 지구의 운동에
맞추어 순응하는 시간. 나도 우주처럼 순하게 리듬에
맞춰 자전할 수 있다면 삶이 그리 어렵지 않으련만.

지금은 일요일 오후 6시 17분이고 이때가 되면
달아나는 해가 아쉬워 꼭 창문을 한번 열고 싶어진다.
언덕 위 집에서 내려다본 한강대로 풍경, 멀리 미군부대
풍경. 이렇게 이 계절도 지나고 다가오는 계절을

맞이하나보다. 바스락거리는 가을을 맞이한다.

가을

2022

**9월 7일 수요일**

헬렌 켈러의 말이 맞다. 신은 나에게서 하나를
빼앗아가면 하나를 새로 주신다. 너무 오래 닫힌 문을
바라보며 슬퍼하고 있지만 않는다면.

  이별은 힘들었고 지독한 상실감에 시달렸지만 대신
나에게는 진실한 친구들이 생겼다. 꼭 사랑이어야
하나? 나를 아껴주고 진심으로 위해주는 사람들과
나는 함께다. 수영을 함께하고 같이 영어를 공부하고 더
무럭무럭 자라나라고 응원해주는 친구들.

  이 슬픔이 옅어지기까지 오래 걸렸다. 사라진 것들은
돌아오지 않는다. 그저 없이 사는 법을 더듬더듬 배워갈

뿐. 어떤 근육을 상실한 채 다른 힘들로 버티고 새롭게 그것 없이 걷는 법을 배울 뿐. 새로운 걸음걸이에 익숙해질 뿐.

그러나 살아갈 수 있다. 가을 햇살이 점점 다가오고 수영이 있는 한, 그리고 불완전한 나의 손을 잡아주는 친구들이 있는 한.

삶의 에센스는 기쁨. 오늘도 기쁘게 보내도록 하자. 더 많이 사랑하고. 되도록 모든 사람을.

믿음과 소망과 사랑. 예수는 왜 그 세 가지를 꼽았을까?

간절히 바라는 게 있다면 우선 그것이 존재한다고 믿어야 하고, 원해야 하고, 판단 없이 끌어안으며 사랑해야 한다. 원하는 것을 계속 원하자. 소망이 중요하다.

9월 17일 토요일. 아직 여름

**수줍다가 열정적인 교환일기 낭독회**

'설곡리 빵야빵야' '설곡리 빵야빵야'
 조경가 현, 수정과 함께 스콘을 구웠다. 모모가 하는 빵 교실에서다.
 건포도 섞인 반죽을 떼 원하는 모양을 만들고 붓으로 계란물을 발라주고 오븐에 넣었다. 기다리는 동안 밖에 나가 바라본 하늘이 맑다. 층층 펼쳐진 새털구름을 물들이며 해가 산 뒤로 곱게 넘어간다. 20분쯤 구웠더니 표면이 반질반질한 스콘이 되어 나왔다. 대형 오븐을 열 때 발갛게 달아오른 오븐 안을 구경하는 재미가 좋다. 살짝 식혀서 봉지에 담아 들고 모모네 집으로 갔다.

모모네 마당에서 고기를 구워먹었다. 오, 고급 장인이시네! 오늘은 모모랑 교환일기 낭독회를 하기로 했다.

날씨는 아직 여름이라 모기가 기승을 부린다. 발치에 모기향을 피웠는데 이날 충격적인 사실을 두 가지나 알았다. 글쎄 옛날엔 덜 마른 쑥으로 모깃불을 피웠다는 것이다! 더 놀라운 건 심지어 쑥이 가만 내버려두면 사람 키만큼 자란단다. "흠…… 그래서 '쑥대밭'이란 표현이 있나보네요. 쑥대머리 귀신형용…… 그냥 비유가 아니었어."

밥을 다 먹고 일기를 낭독하는데 의외로 진지하다. 모모의 일기는 꾸밈없이 단순하고 아름답다. 모깃불 피운 가평의 밤이 깊어갔다.


모모의 영농일기

**7월 31일 일요일**

일기를 써서 낭독한단다. 난감했다. 글씨도 엄청 못

쓰는데…… 그래도 어찌어찌 되겠지. ㅎㅎ 그래서 오늘 첨으로 일기를 써본다.
아버지께서 돌아가시고 아버지가 보고 싶어 아버지께 올렸던 편지 말고 또 있었나?

8월 9일 화요일. 비
오후에 방인희씨와 우정이를 데리고 마석 동물병원에 갔다. 설악에 있는 동물병원에 다녀왔는데 돈만 들고 큰 효과가 없었다. 우정이 등에 종기가 나서 갔는데 종기 부위의 털을 깎은 상처 부위가 장난이 아니다. 너무 미안했다.
치료를 하고 집으로 돌아오는데 우정이가 가엾다. 주인이라고 항상 보면 반가워 하는데 아픈 것도 모르고 있었으니…… 그동안 얼마나 아팠을까 생각하니 맘이 짠하다.

8월 21일 일요일. 맑음(엄청 더운 날씨)
다른 집들은 김장 무와 배추를 심었는데 나만 늦을 것 같다. 어제는 매형한테 가서 관리기를 빌려 와서 멀칭 작업을 하려고 했는데 손목과 팔꿈치가 아파서

관리기를 가지고 올 수가 없어서 아쉬웠다. 매형이
있었다면 도와주었을 텐데…… 일을 가고 없었다.
그래서 집으로 내려와서 괭이로 두렁을 만들어 비닐
멀칭을 한 줄 만들고 나니 손목이 너무 아파 더는 할
수가 없었다.
날이 무쟈게 덥다. 숨이 차고 땀이 장난이 아니다.
사람들은 이 더위에 무슨 일을 하냐고 한마디씩 하지만
비닐 멀칭을 하지 못해 무와 배추 시기를 놓치면 안
되기 때문에 참고 멀칭 작업을 끝냈다.
기운은 없었지만 기분은 좋았다, 일을 끝내서. 펜션
청소를 방인희씨와 반만 하고 집에 들어와 쉬었다.

### 8월 27일 토요일. 맑음

오전 일찍 고추를 세번째 땄다. 고추는 세번째가 가장
많이 따는 것 같다. 탄저병에 많이 걸렸지만 그래도
고추가 많이 나와서 좋았다.
어머니께서 저녁을 먹으라고 전화를 하셨다. 고추
따고 참깨 베시고 엄청 힘드셨을 텐데 내가 좋아하는
비빔국수를 해놓으셨다. 오늘도 정신없는 하루였지만
보람 있는 하루였던 것 같다.

배추와 무를 심은 지 6일쯤 된 것 같다. 무싹이 나오고
배추가 조금씩 커지고 있다. 다음 주에는 거름을 좀
주어야겠다.

8월 28일 일요일. 맑음

잠깐 누웠는데 잠이 든 것 같다. 다섯시에 일어나
다현이 픽업하기 위해 방일초로 가서 다현이와 셋이서
펜션으로 가서 구입한 숯은 내려놓았다. 어머니와
누나가 고추를 세척하고 계셨다. 고추를 건조기에
넣고 온도를 맞추고 기계를 돌리고 방에 들어가서
과일을 먹고 김치와 고추장을 가지고 인사를 하고
나왔다.
마트로 가서 저녁 장을 보고 집에 와서 다현이가
좋아하는 김치돼지불고기볶음을 해주었다. 오랜만에
만들어주니 방인희씨와 다현이가 맛있다고 잘 먹는다.
기분이 좋다. 내가 먹어봐도 맛있었다. ㅎㅎ

9월 1일 목요일. 맑음

아침 일찍 배추밭에 나갔다. 고라니가 배추를
뽑아놓고 밟아놓고 난리가 났다. 100개는 못쓰게

된 것 같다. 콩도 많이 갉아먹었다. 순간 고라니를 면사무소에 신고해서 죽여달라고 해야 하나 하는 생각이 들었다.

그런데 이런 생각도 들었다. 농작물 좀 망쳐놓았다고 죽여버리면, 고라니 입장에서는 너무 억울할 것 같다는 생각이 들었다. 운전을 하다보면 차에 치여 죽어 있는 고라니를 목격하기도 하는데 그냥 내가 좀 힘들어도 말뚝을 치고 망을 치기로 했다. 그러면 배추를 더는 괴롭히지 않겠지.

**9월 19일 월요일**

나는 스스로에게 가혹하고 싶어 안달이 난 상태다.

### 10월 14일 금요일. 파주는 흐림

오늘 아침엔 책 제목을 짓고 있다. 18세기 도시로서의 한양에 대한 책이다.

뭐가 좋지? 레퍼런스로 '을지로 도시인' 이런 키워드를 검색해봤다. 구글에. 그러면서 깨달았다.

나는 서울을 사랑하고 있어.

비록 도시는 나를 시시때때로 외롭게 만들지만 웬일인지 나는 그 외로움을 견디면서까지 서울을 사랑하고 있었어. 왜일까?

혼자인 걸 즐기지 않은 지 꽤 됐다. 혼자가 주는

자유가 좋았지만 무척 외로운 한 해였고 여행도 잘 떠나지 않았다. 그건 우두커니 앉아 있는 호텔 방이 싫어서였다. 다 소용없어. 함께가 아니라면. 여유로운 조식 뷔페도 바다가 보이는 인피티니 풀도 다 싫어. 사실 혼자인 게 두려워.

 그러나 난 서울에서 무엇을 찾는 걸까?

 어쩌면 혼자가 아닐지도 모른다. 비록 지금은 홀로 있지만 누군가와 연결될 수 있다는 기대감. 알 수 없는 미래와 있을지 모르는 우연을 기다리는 마음. 그런 마음으로 서울의 외로운 사람들은 작은 불을 밝히고 매일 밤을 보내고 있는 건 아닐지.

 오늘은 안성에서 도예 작업을 하는 작가 선생님과도 통화를 했다. 그분은 말했다. 자연이 있어서 위안이 된다고. 자연의 계절은 지금 어떨지 궁금하다. 오늘 점심 땐 출판단지 산책이라도 해야겠다.

10월 16일 일요일. 낮엔 더운 듯하다가 비도 몇 방울 내리고 그랬다가 밤엔 쌀쌀해서 따릉이 포기한 날

『타임』 영어 모임 친구들과 저녁을 먹었다. 슬로우 파머스에서. 와인도 같이.

   반상회 같았다.

**10월 27일 목요일. 흐린 듯하지만 맑음. 의외로 꽤 쌀쌀함**

회복기에 마음이 점점 나아지고 있다는 것은 어떻게 알까? 피부에 난 상처는 피가 흐르다 멎고 딱지가 앉고 그러다 딱지도 떨어지면 얼룩덜룩 울퉁불퉁한 새살이 올라온 것을 확인하지만 마음은? 회복되고 있다는 걸 어떻게 알지?

    그러나 눈에 보이진 않아도 확실히 요즘 나는 점점 괜찮아지고 있다고 느낀다. 걷고 있을 때나 사람들과 함께 웃고 떠들 때.

10월 30일 일요일. 가평

설미재 워크숍을 갔다. 앞으로 우리가 할 일이
정해졌다. 모모의 어머니 박선영님과 메주를 만들고
된장을 담글 거다. 이분은 메주, 된장, 고추장, 김치
달인이시다. (고추장에도 메주가 들어간다.) 어머니께
들은 메주·농사 이야기와 앞으로 진행될 일정을
기록했다.

메주 시간표
콩의 시간: 메주는 천천히, 틀림없이 온다

11월

콩 수확하는 달

12월

• 콩 타작

"콩은 추울 때 떨어야 돼. 그래야 콩깍지 딱딱 떨어져."

예전엔 도리깨로, 요즘은 콩 떠는 기계로.

• 메주 쑤기.

1월

• 메주 말리기.
• 구정 이후: 메주 빻는 날.

2~3월

• 간장, 된장 담그기

"옛말에 눈 녹은 물에 간장 담그면 맛있다고 했는데."

3월

• 고추장 담그기

"고춧가루는 메주 비율에 따라서 달라지지.

메줏가루가 많이 들어가면 고춧가루가 허예도
맛있어요."

5월 말
• 하지 3일 전에 콩 심기.
"너무 일찍 심으면 새들이 다 파먹어. 그땐(하지
전후엔) 비둘기가 새끼를 까느라 둥지에 있어요. 그럼
새가 덜 파먹으니까 그때 심는 거야."

6월
• 콩싹이 나온다.
여름에 콩이 자라고 가을에 수확할 때까지 잡초와
벌레로부터 콩을 잘 보살펴준다. 다시 콩을 떨 때까지.
이렇게 1년이 순환한다.

어머니에게는 자신감에서 나오는 편안함이 있었다.
어머니는 삶의 중심에 있었다. 목소리도
쩌렁쩌렁하시고. 고결한 자신의 믿음을 바탕으로
한 철학. 존엄(dignity). 어머니는 "농사짓는 분을
바라보면 아름답지 않냐?"라고 하셨다.

**11월 9일 수요일. 흐림. 엄청 추운 건 아닌데 그래도 가볍게 입고 나가기엔 쌀쌀함**

빛과 타인을 생각한다.

  아연 광산 광부들이 매몰된 광산에서 9일 동안 생존할 수 있었던 이유를 들었다.

  내 관심을 끈 건 커피믹스가 아니었다.

  둘 중 한 명은 베테랑이었지만 그들은 함께여서 버틸 수 있었다고 한다. 또 하나는 빛. 꼭 필요할 때만 잠깐씩 켜던 빛이 큰 위안이 됐다고 한다.

  인간의 생존 요건 중 음식과 물과 보호처(shelter)는 모두 알고 있는 거지만 그 외의 것들을 생각한다. 우린 빛이 필요하다. 그리고 누군가가 필요하다. 함께

견디고 힘을 줄 수 있는 누군가가.

극한 상황에 고립된 인간 존재를 상상하면(이를테면 무인도나… 아니면 〈오징어 게임〉일 수도 있다!) 가끔 무서워진다. 혼자여도 무서울 거고 둘 이상이어도 무서울 것 같다. 저 혼자 살려고 누군가는 돌변한다면 어쩌지? 영화에서는 그런 상황이 주로 배신 배반의 전개로 이어지고, '역시 인간은 잔인해' '세상은 불신하고 볼 일'이란 생각만 했는데…… 그런데 서로를 의지하고 빛에 기댔던 두 광부의 이야기는 나에게 어떤 전율로 다가왔다.

또 그들은 마침내 배터리가 나가 빛이 꺼졌을 때 절망을 느꼈다고 했다. 빛. 우리는 보고 싶다. 볼 수 있고 내가 이 상황을 '안다'는 생각이 두려움을 몰아내준다. 그러고 보면 "진리는 나의 빛"이라는 말이 단순한 비유가 아닌 셈이다. 그렇지만 빛이 꺼져도 서로가 있어서 조금 더 버틸 수 있지 않았을까? 극적으로 그로부터 얼마 안 돼 구조됐다.

**11월 18일 금요일**

단양에 다녀왔다.

   가는 동안 그런 생각을 했다.

   씨앗을 심어두고 시간이 흐르는 동안 우린 조바심치지만, 아무 일도 안 일어나는 것 같지만 차가운 땅 밑에서 씨앗은 자신의 일을 열심히 하고 있다.

   그러니까 우린 기다려주면 되는데 그러기만 하면 되는데. 씨앗은 아무 것도 요구하지 않고 지켜봐줄 것을 바라는데…… 그게 그토록 어려웠을까?

   봄이 오고 새싹이 고개 내밀 날을 기다리며. 너무 간절히는 말고 그냥 기다리며.

**11월 19일 토요일**

자연과 먹는 이야기를 좋아하는 대학교 동기들과 오랜만에 은영이집에서 만나 수다의 밤을 보냈다. 오랜만에 친밀한 존재들과 있는 기분이 좋았다. 콩 이야기를 했다. 콩은 질소 고정 식물(정확히는 그 역할을 하는 박테리아와 공생한다)이다. 땅의 지력을 향상시켜준다. 그래서 다른 작물과 번갈아가며 재배하면 땅에 좋다.

11월 20일 일요일. 금요일부터 주말 내내 봄처럼 따뜻하다.

**11월 25일 금요일. 왜 이렇게 따뜻하지? 지구 온난화인가?**

오랜만에 집에 가만히 있는 오후. 평화롭다.
 『빨간 구두』는 어쩌면 불안한 사람이 계속 괴롭게 몸 움직이는 얘기가 아닐까?

11월 27일 일요일. 이제 비로소 추워지기 시작함. 서울은 맑음



비둘기밥

멀리 시선을 두는 일이 늘어났다. 나 아닌 것들을 멀리서 바라보기. 생물이어도 좋고 하늘이어도 좋고 낯선 길이어도 좋고 아무튼 다 좋다. 이왕이면 꿈틀거리는 것이나 바람에 흔들리는 것, 말을 덜 하는 생명체면 좋겠다.

 감을 뜯어먹는 산비둘기를 보았다. 아침 산책에서 비탈 골목을 올라 돌아오는 길에 파란 겨울 하늘을 배경으로 산비둘기가 휘어진 감나무 가지에 앉아 알맞게 익은 감을 조물조물 뜯어먹고 있었다. 후후. 절대 쪼아 먹지 않았다. (그건 딱따구리 느낌이라구.)

푹 익은 주황빛 껍질을 해체해가며 탐스런 살코기(?)를 차근차근 뜯어먹고 있었단 말이지. 어느 집 좁은 마당에서 크게 자라 주차장 담벼락 너머로 휘어진 그 감나무는 올해 수확이 참 좋아 보였다. 근데 다른 감은 홍시로 발전될 것 같지 않은 보통 감이었는데 비둘기가 딱 골라서 뜯어먹는 그 감만 타원형으로 길쭉하고 통통하니 가장 맛있어 보였다. 쳇, 맛있는 건 알아가지고. 귀엽게…… 남이 먹는 모습을 보며 흐뭇하고 기특해지긴 처음이다. 인간도 아니고 내가 키우는 반려 동물(없음)도 아니고 나와 무관한 도시의 생명체가.

자연의 색은 아름답다. 그걸 볼 수 있는 눈도 나의 눈뿐이다.

옅은 오렌지 빛을 몰아내고 차츰 짙어져가는 초겨울 아침 하늘의 파란 빛, 그리고 조금은 거친 듯 씩씩하게 서 있는 감나무 가지의 고동빛, 거기 주렁주렁 매달린 반짝반짝 주황색 감. 너무 선명한 색이라 사진으로 찍으면 촌스러울 거야. 그림으로 그리기도 어렵겠지. 근데 눈으로 보면 안 그렇다. 온갖 채도 높은 선명한 색이 이 세계 안에서는 아름답다. 요란하지 않게,

저마다 명징하게 살아가고 있음을 증명한다. 생각이 여기에 이르자 왠지 울컥해서 눈이 시큰해졌다. 소심하게 주장해본다. 나도 위대하다. 대단해. 존엄해. 사는 게 고단한 일일지라도.

여전히 이리 쿵 저리 쿵 몸으로 부딪히며 배우는 법밖엔 모르는 어린 나를 마음으로 쓰담쓰담해주며 비둘기밥으로부터 스무 걸음만 걸으면 나오는 내 집으로 돌아왔다.

전날 밤 잠을 뒤척이느라 홀연히 후딱 나갔다온 아침 산책. 역시 집에 있는 것보다 나았네.

겨울

2022~2023

**12월 2일 금요일**

**콩깍지 벗겨지는 날**

농가에선 갓 담근 김치가 맛있게 익어가는 중이다.
 밭일은커녕 잡초도 뽑아본 적이 없는데. 일신의 생존을 위한 1인가구용 살림도 겨우 하는 내가 영차영차 몸을 일으켜 가평으로 향한다. 그래도 어머님이 농사짓는 얘기 해주셨던 걸 떠올리며 기운을 냈다.
 "일을 해도 내가 짜증스럽고 힘들게 생각하면 나가기 싫은데, 요거를 할 생각만 가지고 일을 하니까 달성하면 기쁘고. 돌아보면 (장이) 암팡지게 있는 게 아름답고 그래요.

내 맘의 잡초도 밭과 같이 정리를 해주세요. 그렇게. 일도 취미를 갖고 하니까 힘들지도 않고.

친구들이 보면 어떻게 그렇게 얼굴이 편해 보이냐고 묻데. 난 농사꾼이야. 요기서 할 게 뭐가 있어. 제조라고는 밭에 나가서 흙하고 싸우는 것밖에 없는데 뭐 별난 게 있나."

콩 타작 가자. 콩깍지 벗겨지는 날이다.

별소네엔 11시쯤 도착했다. 초겨울 빈 밭 한가운데 널따란 보자기처럼 파란 천막을 깔아두었고 그 위에 낙엽색으로 마른 콩 낟가리가 무질서하게 쌓여 있다. 새벽에 내려앉았던 서리가 다 마르지 않고 깍지에 남아 맛소금 가루처럼 덮였다. 마당 한편에서는 곱게 감아 빗어내린 머리같이 기다랗게 늘어진 배추 시래기가 쨍하게 추운 늦가을 공기 속에 말라가는 중이다.

탈곡기는 벌써 소리가 대단하다. 덜덜덜 탈곡기 입에 콩 줄기를 한 무더기씩 집어넣는다. 입이 크지 않아 욱여넣는다. 모모는 한 번에 많이 넣고 나는 조심조심 몇 줄기씩 넣다가 점차 양을 늘린다. 깍지가 벗겨지고, 탈곡기는 옆에 매단 포대 자루(조곡용 1호 포대)에 콩알만 솔솔 토해낸다. 탈곡이 어느 정도 되고 탈곡기가 깍지로 꽉 차 배가 불러오면 아래 페달을 한 차례 눌러 필요 없는 줄기와 깍지를 밖으로 토해낸다. 그러고 또 콩 줄기를 여러 무더기 집어넣고. 이 작업의 반복이다. 탈곡기 하루 빌리는 데 2만 원이 든다. 비싼 가격은 아닌 것 같은데 문제는 돈이 아니라 스케줄 잡기다. 특정 시즌에만 필요한 거라서 내가 원하는 때 딱 빌리기가 쉽지 않은가보다.

타작 약속은 비 소식 때문에 두 번 어긋났다. 비 때문에 계획했던 일을 못할 수도 있다는 게 나에겐 없던 일이라 좀 놀랐다. 그저 하늘에 맡긴다는 게 이런 뜻인가? 어딘가에 가만히 나를 맡겨보는 일, 일이 되어가는 대로 지켜보는 마음. 개입하지 않고…… 너무 안달 내지 말아라. 그러지 않아도 올 것은 오고 갈 것은 간다. 너무 애쓰지 마라. 때로는 가만히 내버려둔 그 자리에서 많은 것들이 제 나름으로 자리를 잡아가리라. 내일은 비가 올지 눈이 올지 쨍하고 발간 해가 뜰지. 그걸 걱정할 필요가 있나? 확실한 건 언제까지고 비만 내리지는 않는다는 것. 영원히 내리는 비는 없다.

한 시간 남짓 일했다. 비록 기계의 도움을 얻었지만 "원래 방식 그대로!"도 해봐야 한다는 나의 주장에 모모가 밭 다른 편에 자리 깔고 도리깨를 마련해주었다.
그렇지. 원래는 도리깨질이지! 그런데 이거 다루기가
만만치 않겠는걸? 자루는 사람 키만 하고 그 위에 또
그에 못지않게 긴 1미터 가량의 길쭉하고 굽은 포크
같은 갈퀴가 달려 있다. 각각으로 분리된 자루와 갈퀴
사이는 탄성 있는 강한 끈으로 연결돼 있어서 고정되어
있지 않고 획획 돌아간다. 이걸 사정없이 내리치면
콩과 껍질이 분리되는데 갈퀴 부분이 앞뒤로 헐떡,
사방팔방으로 빙빙 돌아가서 당최 내 마음대로 안
움직인다. 내가 도리깨를 내려친다기보단 도리깨가
예측 불허한 방향으로 날뛰며 내 상체를 이리 해뜩
저리 해뜩 조종한다고 봐야 정확하겠다. 관성과 스냅을
잘 이용해야 하는데 어깨가 어디 맘대로 돌아가야
말이지. 나 수영 좀 한 사람인데! 시무룩. 몇 번 해보다
그만둔다. 도무지 효율이 안 나온다. (역시 도시인은
효율이 중요하다.)

"이래 가지고선 하루 안에 다 못 떨겠는데요?"

"아이고 하루가 다 뭐야. 그걸론 이삼일은 걸릴
걸요?"

오늘 우리가 탈곡한 콩으로 콩 자루는 흡족히

통실통실하다.

　이날 점심 밥상: 밥, 동치미, 열무김치, 배추김치, 오징어젓갈, 돼지고기 김치찜, 깻잎조림, 바삭바삭 양반김

　같이 간 친구는 밥을 두 공기 먹었다. 입에 밥이 들어가기가 무섭게 목구멍 안쪽에서 강한 인력이 환호하며 끌어당겼다. 갓 담근 김치는 그다지 짜지가 않다. 생각하니 또 침이 고인다.
　깻잎조림에서는 신기하게도 감칠맛 도는 기름진 맛이 났다! 고깃물이나 육수나 생선젓이 들어갔을 수도 있다. 쿰쿰하면서 짭조름한 간장맛에 고기맛이 도는 그 느낌을 어떻게 묘사할까. 숭덩숭덩 썰어 넣은 돼지고기 사이사이 김치 양념이 밴 김치찜도 너무 맛있고. 차 밀리기 전에 빨리 나서야 한다고 조바심치다가 눌러앉아서 잔뜩 먹고 왔네.

**12월 3일 토요일**

힘들 땐 심호흡을 하자. 쫌면 끝이다.
   한편으론 어두운 생각이 있고 그게 피부에 흡수되려고 하지만 그때마다 생각한다.
   방구석에서 하는 모든 생각은 망상이야. 밖으로 나가 차가운 겨울 공기를 느껴보자. 몸을 더 움직여 호연지기를 길러!

   요즘 가장 친한 친구들은 SSM(Sweet Swimming Mate) 수영 친구들이다.
   수영 친구들은 나에게 몹시몹시 소중하고 중요하고

잃고 싶지 않고 그래서 실망시키고 싶지 않은 존재들이다.

마음이 자꾸 어두워졌는데 그럴 때마다 빛을 밝히려고 노력했고 그때 이 친구들이 곁에 있어주었다.

그렇다고 심각한 애길 하거나 특별한 비밀 이야기를 나눈 것도 아니다. 그냥 매주 토요일 오전에 같이 수영하고 점심 먹고 카페에서 시시껄렁한 수다 떨다 집에 돌아오고 그게 다다.

오늘도 웃겼다. 갑자기 라디오 CM송 얘기가 나와서 "조강지처가 좋더라~ 썬연료가 좋더라~ 친구는 오랜 친구 죽~마고우 국민연료 ○-연료! 딴따따따!"이 노래까지 부르는 지경에 이르렀다. (그러곤 진지한 추론. '아니, 조강지처랑 부탄가스가 무슨 상관이래?' '안 터져요~ 이것도 있지 않냐?' '○-연료가 제일 오래됐다는 뜻 아닐까?' '앞뒤가 똑같은 전화번호, 이것도 끼워줘야 되는 거 아니냐?' 수군수군.)

그런데 놀랍게도! 그런 순간순간의 따뜻한 빛들이 자꾸 가물가물 꺼져가며 어두워지려는 마음을 밝히는 데 도움이 됐다. 어쩌면 딱 그만큼의 빛만으로도 나는 생존할 수 있었던 것이다.

혈연 지연으로 똘똘 뭉치고 자기들끼리의 울타리가 견고한 한국 사회에서 이렇게 단지 수영이라는 종목 하나만으로 온기를 나눠줄 수 있고 소속감을 느낄 수 있는 곳이 있다는 게 참 소중하다. 속해 있고 싶고 안전하다고 느끼고 싶고 보호받고 싶다.

 그런 존재가 겁을 덜 먹게 한다. 용감하게 살아내고 새로운 도전을 할 수 있게 해준다.

**12월 4일 일요일**

움츠러드는 겨울 아침에는 창을 한번 활짝 열어본다.
한강대로 쪽 창으론 빽빽한 도시가 보이고,
남영동+남산 방면 창으론 탁 트인 아침 하늘이 보인다.
구형으로 둥근 하늘. 지구 아래의 나를 느끼게 해준다.
거기론 미군부대가 있어 막힌 것 없이 시야가 트인다.
하늘이 점점 발갛게 물들어간다.

**12월 11일 일요일**

난 왜 건축을 좋아할까? 그토록 원했던 안정감. 내 집이 없고 내가 머물 곳이 없기 때문에 오히려 그렇게 갈망했던 건 아닐지.

### 12월 17일 토요일. 스타벅스 강릉송정DT점

사랑하지도 않았지만 아무런 상처도 준 적 없던 빈종이 같은 관계에 다시 한번 도달할 수 있을까. 너와 내가.
   가장 복사 가능한 장소, 널찍한 곳에서 소음에 둘러싸여 한 생각.

**12월 18일 일요일. 16~18일, 2박 3일 평창 MT를 다녀온 후**




**지친 날의 씻수**

"오래 사랑하려면 게을리 좋아해야 해."
　나는 진지한 표정으로 내 인생 모토는 '지속가능한 로맨티시즘'이라고 했다. 그러자 친구가 비웃었다. "그건 마치 영구기관을 실현하겠다는 거 아냐?"

　지친 날엔 씻수(씻으러 가서 대충하는 수영)만 갔고 덜 바쁜 레인에서 슬렁슬렁 왔다갔다 했다. 그래도 아무도 비난받지 않았다. 물에서 주로 느낀 건 안전하다는 느낌이었다. 소리가 사라진 곳, 부드럽게 입수하면 나를 받아주는 곳. 얇은 피부가 든든한 물로

빈틈없이 둘러싸여 보호받는 곳.

　너무 온 힘을 다해 좋아하면 그것 때문에 오히려 지쳐서 미워하게 될까봐 두려웠다. 지속가능하게 오래 좋아하고 싶었다.

　그러다 어느 순간 불꽃이 터지듯 폭발적으로 좋아지는 순간이 왔다. 매일 가고 싶고, 내가 어느 장소에 있든 가고 싶고, 남의 동네에서도 자유수영할 수 있는 수영장을 찾아보고 있고.

　웅크린 날에도 이유는 있다. 머리는 몰라도 마음은 알겠지. 지쳐서 회복하는 중인 걸. 그렇게 어둠 속에 쉬고 있다 보면 어느날 아침 눈을 떴을 때 벌떡 일어나 수영장으로 달려가고 있다.

　물속에서 숨 가쁘게 팔을 휘저으며 생각한다. 멈춘 듯 보였던 날들에도 다 이유가 있구나, 5년이 지나야 비로소 싹을 틔운다는 어느 대나무처럼 어두운 땅 속에서 씨앗은 자신의 할 일을 하며 준비하고 있었구나. 다 때가 있어. 그러니 기다려줄 줄 아는 마음도 때론 의미가 있어.

**12월 21일 수요일. 새벽부터 점심 지날 때까지 눈. 이후 그침**


**메주 쑤기: 동짓달 눈 내리는 아침 노랑콩은 폭폭 익어가고**

아침부터 눈은 폭닥하니 내렸다. 한 시간 넘게 걸리는
길을 미끄러질 듯 위태위태하게 도착한 가평은
고요하다. 그러나 간혹 갈월동 내 방에서 느끼는
고독같이 진공처럼 숨 막히는 고요는 아닌 평온.
폭신한 이불을 덮은 듯한 그 고요를 들춰보면 싸락싸락
눈 내리는 소리, 장작 타는 소리도 있어 포근하다.
하얀 세상이 조용하고 모모네 집 앞마당 진진초록
주목나무는 얇게 눈을 둘러썼다. 추위라면 벌벌 떨던
내가 언제부터 겨울을 좋아하기 시작했지? 빨간 코로
숨을 훅 들이마셨을 때 온몸의 세포가 깨어나는 그 박하 같은 얼얼함이 좋다.

　모모가 일기예보를 진즉 확인하고 "눈 열두 시에 그쳐" 말하지만 어머니는 허리에 손을 얹고 눈 내리는 들판을 바라보며, "아냐 많이 오겠는데. 눈이 펄펄 바람에 벌처럼 오면 조금 오는데 비처럼 죽죽 오면 많이 와" 하신다.

　솥은 마당 가장자리에 있다. 뻥 뚫린 하늘 아래 노천 아궁이라 해야 할까. 커다란 초록 바케쓰에는 씻은 노란콩이 가득한데 겨울 아침 무쇠솥은 굳게 입을 다물었다. 가장자리가 얼어 뚜껑이 안 열리는 걸 토치불로 살살 달래자 비로소 쩍 열린다. 솥 바닥 움푹한 가운데에 몽글몽글한 돌을 스무 개쯤 깐다. 그래야 가운데 콩이 타지 않고 고르게 익는다. 마른 솔잎을 불쏘시개 삼아 불길이 얼마쯤 올라오면 소나무 장작을 하나씩 넣는다. 모모가 하나씩 집어넣는데, 엄마랑 아들이 토닥거리는 걸 보는 재미가 좋다.

　"넌 그 나무에 눈 쌓인 걸 탈탈 털어서 넣어야지!"
　"엄마는 내가 뭘 하든 못마땅해 하셔?"
　"난 마음에 안 들면 들볶는 성질이야."
　"그러니까 잔소리지."

"이 정도 가지고? 이게 잔소리냐?"

엄마는 못마땅하고 아들은 억울한데 그걸 보는 나는 누구 편인지 몰라도 남 핀잔 듣는 일, 서로 순순히 안 지고 받아치는 거 보는 게 재밌고. 그런데 요즘 나한테 저렇게 필터 없이 잔소리를 한 사람이 있던가? 내 주변엔 깍듯하고 예의 바른 사람만 가득한 것 같아 어쩐지 조금 울적했다.

타닥타닥 장작은 타고 보글보글 물은 끓고 거기 오늘 준비한 콩 두 말(12킬로그램)을 넣었다. 12월 초부터 메주를 다섯 번쯤 쑤는데 오늘이 다섯번째로 마지막 날이다. 물도 끓고 콩도 넣었으니 이제 불 조절을 하며 기다리기만 하면 된다. 꼬박 네 시간을 끓인다. 우린 열한 시에 시작했으니 세시쯤 콩을 건져낼 거다. 잠시 할 일을 다한 것이다.

슬그머니 불 앞에 낚시 의자를 놓고 앉아 불을 쬔다. 시키지도 않은 이야기가 잘도 흘러나온다.

"아버지가 살아계셨을 적엔 형제들이 참 자주 모였어요. 주말이면 같이 모여서 밥도 먹고 그랬는데 아버지가 산골짝에서 밤에 교통사고로 갑자기 돌아가신 후에 멀어졌지. 재산 갖고 다툼도 있고 그랬던 거야. 이후로 어머니 메주 쑤는 건 나만 도왔죠. 그런데 한 10년쯤 지났을까? 올해 연말에 다 같이 모였어. 시간이 지나서 앙금도 가라앉고 잊히기도 하고 그랬나봐. 오랜만에 모이니까 너무 좋았어. 이제 다시 자주 모이기로 했어요."

회한일까. 아니아니. 그냥 그런 일이 있었다는 얘기다. 세월은 미움도 잊고 다시 손을 잡게 한다.

'정담'이 화로 정(鼎) 자에서 나왔었나?

"불 앞에 있으니까 이야기가 술술 나오네요."

"그렇죠?"

멀찍이 장독대에 있던 어머니가 흘깃 보더니 "점심은 배춧국 끓여먹을까? 시래기랑 김치랑 해가지고" 하신다. 이 집 김치 맛을 이미 본 마당이라 냉큼 "우와, 없어서 못 먹죠, 좋아요!" 하고 끼어들었다. 일도 제대로 안 해놓고 점심이 꿀맛이었다. 먹기는 잘 먹네. 제대로 일한 사람보다 더 잘 먹네.

콩은 세 시 지나서부터 건졌다. 어머니 말씀이 콩이 발갛게 됐을 때 건져내면 된다고. 가마솥에서 스댕 국자로 콩을 퍼 포대에 넣고 입구를 꽉 묶었다. 그걸 집 안으로 가져가 아래 위에 비닐과 보자기를 놓고 밟는다.

진짜 밟으란다. "정말 밟아요? 무서워요." "먹는 걸 밟는다는 게 좀 죄스럽지? 그치만 단단히 싸매고 깨끗하게 밟는 거니 괜찮아요." 모모하고 나하고 돌아가며 밟았다. 막 건져낸 콩의 뜨끈한 열기가 습기와 함께 발로 전해져오니 기분이 이상했다. 나쁜 기분은 아니다. 더군다나 바깥은 겨울.

내가 밟은 건 군데군데 덜 밟힌 데도 있어서 콩의 형상이 남아 있다. 명가의 메주에 누를 끼친 건가? 황급히 "어떤 건 알갱이가 좀 살아 있어야 식감이 좋거든요" 했더니 어머니가 "그럼. 집 된장은 그런 맛이지!" 하고 받아주신다. 그렇게 1차로 익힌 콩을 다 밟아 뻑뻑한 고밀도 순수 콩 반죽을 만들고 나면 마지막으로 남은 게 메주 성형이다.

모모가 사각 나무틀을 꺼내왔다. 틀 안에 으깬 콩 뭉텅이들을 넣었다. 그러고 또 밟으란다. 꾹꾹. 네모 가장자리를 특히 잘 밟아야 각이 빈틈없이 나오니 발 작은 사람이 유리하다. 면적이 펼친 티슈 한 장만하다. 큰 발로는 밟지도 못하겠다.

이제 다 되었다. 살며시 보자기를 풀고 조심조심 틀을 위로 들어올렸다. 장차 꾸덕꾸덕 메주가 될 사각 콩

덩이! 손바닥으로 조심스레 메주를 만졌을 때. 어미 새 깃털 아래 손을 넣은 것처럼 몰캉몰캉 따뜻한 온기가 전해져 왔다.

메주 덩이는 밭에서 엄선해 준비해둔 마른 볏짚을 앞뒤로 넣어 망에 넣고 말린다. 모모네 집엔 메주 말리는 방이 따로 있다. (거실에선 청국장도 이불을 덮고 발효되는 중이었다. 집 전체에 감도는 은은한 냄새~) 짚은 필수다. 그걸 넣어야 발효가 된다. 이날 나온 메주는 모두 다섯 장이다.

때로는 기다리는 것 말곤 아무 것도 할 수 있는 게 없을 때가 있다. 애 태우지 말고 내 할 일 하고 있자. 그럼 시간이 자연히 흘러 메주가 완성돼 있을걸. 인생의 모든 걸 제어할 수 있다는 생각을 내려놓는다. 손에 말랑한 온기가 남았다. 종일 일해 만들고 나니 다섯 장 메주가 예뻐 죽겠다.

"어유, 이걸 아까워서 어떻게 먹어요. 근데 왜 못생긴 걸 비유할 때 메주 같다고 하지? 예쁘기만 한데."

모모가 무심 시크하게 외지인의 호들갑을 단번에 누른다.

"아뇨. 그래도 메주가 진짜 못생기긴 했는데요."

집에 돌아오니 이날 일하러 갈 거라고 호들갑을 떨며 인터넷에서 주문했던 털고무장화가 그제야 도착해 있었다. 하. 이거 쓸 일 있을까?

이날 점심 밥상: 콩밥, 동치미, 배추김치, 고들빼기김치, 조기 각 1마리, 시래깃국

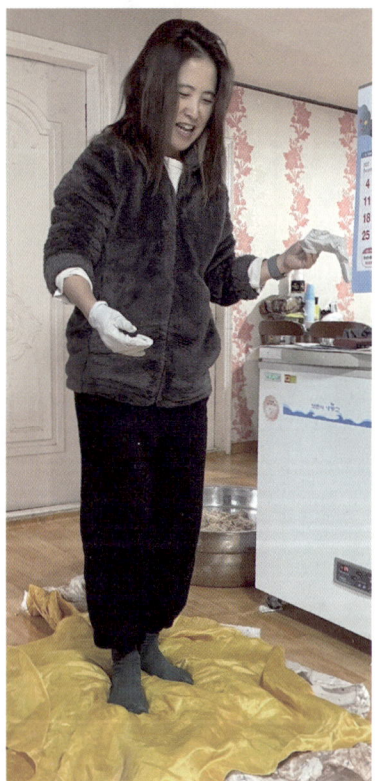

**12월 28일 수요일 새벽 5시 49분**

이처럼 크고 따뜻한 다정함 속에 둘러싸여 있었던 때가 있을까? 문득 감사해야 한다는 생각이 든다.
   한 달에 적어도 한 번, 아무 연고도 없는 가평으로 떠나며 새삼 느낀 것은 시간의 힘과 조금씩 쌓이는 일의 무서움이다.

   꽃이 피는 순간을 잡을 수 있을까? 언제?
   보리가 자라고 고추가 반딱반딱 익어가는 순간을 알 수 있을까? 그건 딱 집어 언제일까.
   눈으로 아무리 노려봐도 모를 텐데 어느 순간

돌아서면 자라 있고 절기는 달라지고 논밭 풍경은 스케치북을 한 장 한 장 넘긴 것처럼 새로운 모습이다. 대체 언제 이런 일이 생겼지?

바짝 약이 오를 지경이다.

나는 급하다.

사랑도 당장 운명 같은 사랑이면 좋겠고……
확실하게 손에 쥐고 싶다. 이것도 저것도 아닌 것 말고 단단히 확고한 것을 빨리 획득해서 안심하고 싶다. 그러나 서두른다고 빨리 익는 법 없는 식물의 말이 이제는 조금 들린다.

시간이 지나가야지.

지구가 꾸준한 자전을 계속하며 태양 주변을 도는 동안 저마다 할 일을 하며 완성되는 것이 있다. 익지 말라 해도 밀밭은 연한 황금빛으로 물들어갈 거고 고추도 콩도 영글겠지.

친밀한 관계도 그렇겠지. 매일매일 조금씩 친해지는 거야. 조금만 더 지켜봐, 기다려봐줘. 내일 한 걸음 더 조심스레 가까이 다가올 수 있게 시간을 줘.

인류학에서 말한 라포르란 그렇게 형성되는 걸까?

누군가를 믿고 마음을 열어 보이기까지 필요한 건 시간이다.
 문득 모모를 생각한다.
 지난여름부터 한 달에 한두 번 봐왔더니 어느새 친밀해졌다. 핏줄 없는 친척이 가평에 생긴 기분이랄까. 속상한 날 차를 달려 찾아가면 어머니는 동치미랑 배추김치랑 내주실 것 같다. 나를 배고픈 채로 보내시진 않을 거다. 이런 느낌이 나를 지탱해준다.

2023년 1월 3일 화요일. 안 추운 건 아닌데 사실 아주 춥다고
엄살 부릴 정도는 아닌 추운 날



**해질 무렵에**

도미닉 밀러의 〈프렐류드 앤 푸가〉를 들으며 퇴근길
자유로와 강변북로를 달렸다. 동지도 지났고 해가
조금씩 길어진다. 이제 막 새해가 밝은 1월 초순이라
추위가 끝나려면 아직 한참 멀었겠지만 퇴근길에 점점
길게 남아 있는 노을빛이 나를 위로해준다.
  오랫동안 어둠을 무서워했다.
  노을이 지는 때를 가장 좋아한다. 어쩌면 지상의
남은 마지막 햇빛을 붙잡을 수 있는 마지막 순간이어서
그럴지도 모른다. 어둠이 깔리면 멀리 실루엣만
드러낸 빌딩숲은 사나워지고 그 뒤에 뭐가 숨어 있을지

모른다는 공포감이 막연히 나를 사로잡는다.

   내가 생각하는 사랑은 언제나 환한 빛 아래 함께 산책하는 장면이다. 밤은 그게 누구여도 상관없을 슬픈 도시의 욕망에 지배 받겠지만, 나는 모든 것을 드러낸 환한 빛 아래에서 해맑게 공원을 산책하고 싶다. 그게 내 로맨티시즘의 꿈이었다. 여전히 그렇다.

1월 13일 금요일. 영상의 날씨. 눈 아닌 비 오고 도시엔 내내 연무 같은 부연 기운이 가득하다

**도시 술꾼: 피플 워칭**

요즘 『도시침술Urban Acupuncture』(자이미 레르네르)이란 책을 읽고 있는데 나에게 많은 영감을 준다. 사람들이 시장을 좋아하는 이유는 사람들은 다른 사람이 자기와 비슷하게 살아가는 걸 구경하기 좋아하기 때문이란다. 그래. 도시만큼 사람을 구경하기 좋은 곳도 없어.

    내가 자주 산책하는 곳은 후암시장이다. 백반집이 늘어선 길을 지나며 테이블에 동그랗게 모여 앉아 무엇인가 성토하며 돼지갈비를 구워 먹는 직장인, 찌개나 주꾸미 볶음 하나를 놓고 고요히 소주를

기울이는 작업복 차림의 혼술러, 호기심 가득한 눈빛의 외국인 여행객을 보는 게 좋다. 가끔은 더 쓸쓸해지기도 하지만(나도 저렇게 함께 술 마시는 이들의 일부가 되고 싶다. 그림의 일부가 되고 싶어!) 그 시간을 즐기며 헤롱헤롱 취해가는 사람들을 보는 것만으로도 따뜻한 위안을 받는다. 그들을 지나쳐 가지만 나도 그 풍경의 일부로 초대된 느낌이라고 할까.

그들에게서 나와 비슷한 면을 발견하든 전혀 다른 면을 발견하든 상관없다. 결국엔 인간으로 수렴한다. 나약하고 상처받기 쉽고 언젠가는 죽을 인간. 그러나 알 수 없는 미래를 두려워할 필요 없이 오늘의 술 한잔에 볼이 발그레해지며 기분이 좋아진 귀여운 인간 말이다.

집에서 고요히 책을 읽다가 문득 또 밤의 시장으로 나가고 싶어졌다.

상점들은 문을 다 닫았을 테고 금요일의 술집 몇몇이 오렌지색 불빛을 밝히고 있겠지? 오늘은 어떤 술꾼들이 이 도시에 따뜻한 색채를 더해줄까?

**1월 15일 일요일**




중구 회현체육센터에서 1시부터 2시까지 수영.
2시 30분부터는 권정구 만나서 한 시간 넘게 수다

일요일의 수영은 좋다. 누구와의 약속도 없이 주로 혼자 수영장에 간다.

 일요일엔 회현체육센터에 주로 간다. 사람이 별로 안 와서 혼자, 많아도 두셋이서 레인 대여한 것처럼 여유롭게 수영할 수 있다. 특히 겨울에는.

 배영을 하며 천천히 팔을 뒤로 번갈아가며 돌리자니 한 장면이 생각났다.

 2021년 여름 시청광장 근처 수영장. 커다란 창으로 아낌없이 빛이 들어왔다. 그런 수영장에서 배영을 하면…… 환상적이야.

나는 신나서 수영을 했고 그런 나를 너는 선베드에서 가운을 입은 채 바라보았다. 책도 가져왔었나? 아니면 간간이 일을 하면서였나? 나는 같이 수영하자고 했지만 넌 수영을 좋아하지 않았어. 아니면 물에 뛰어들기가 두려웠을지도. 그것도 아니면, 다른 무언가를 두려워하고 있었을지도. 다만 우린 같이 자쿠지에만 몇 번 왔다갔다 했던 것 같다. 나는 혼자 충분히 수영을 했다. 저녁에는 1층 카페에서 무제한으로 제공되는 와인을 한껏 마셨다. 꽤 즐거운 데이트였다. 하지만 생각해보면 우리가 수영장 있는 곳에 몇 번 놀러갔어도 너는 단 한 번도 나와 함께 수영을 하지 않았어. 그렇게라도 나와 함께해주려 했던 마음은 고맙지만…… 그래서 우리는 물속에서 앞구르기 뒷구르기를 하거나 나란히 물살을 가로지른 기억이 없다. 너와 함께 몸의 기억을 더 만들고 싶었는데.

사랑하는 사람이 나에게 아무 것도 요구하지 않는다는 것이, 내가 그에게 아무 것도 바랄 수 없다는 것이 편리한 일이 될 수 있을까? 그건 참 슬픈 일이었다. 언제나 일정 정도를 유지해야 하는 거리감의 다른 모습이었기에. 준비, 시작! 온(On). 그러나 딸깍

스위치가 내려지는 순간 암전. 사람의 마음은 전등처럼 쉽게 끄고 켤 수가 없는데. 서서히 달아오르다 뜨거워진 마음을 급속 냉동시키는 일, 꽁꽁 얼었던 마음을 다시 재빨리 덥히는 일. 그걸 반복하다보면 고장이 날 수밖에 없다. 우리가 헤어지던 순간 나는, 우리는, 어쩌면 지친 게 다였을지도 모른다. 배터리가 방전되었다. 더이상 충전도 되지 않고.

 몇 번의 되새김질만으로도 너는 생생하게 내 마음속에 살아나.
 겨울도 칙칙하고 기분이 축축 가라앉네. 산책이나 다녀와야겠다.

2월 2일 목요일. 기온은 영하를 약간 웃돌지만 바람이 불어서 꽤 추운 날


**시간이 흐르는 방향**

시간은 거꾸로도 흐른다. 그래도 괜찮다.
  지나간 시간 속에 머물러도 괜찮다. 내가 살아 있음을 증명해주는 것, 그건 과거의 내 조각들일지도 몰라.
  오랫동안 기억하는 일을 두려워했다. 모든 것이 기체처럼 사라진다고 불평하고 허무해했으면서도 정작 아무 것도 기억하지 않으려 늘 발버둥치는 쪽은 나였다. 다른 사람들은 다 떠나고 없는 허상뿐인 기억 속에 나 혼자 남겨질까봐 무서워서 그랬다.
  그러나 어떤 날은 "이 관계도 기체처럼 사라지겠지?" 하고 체념했는데 타인이 나를 더 생생히 기억해주어서

놀란다. 나는 기억되길 원했나봐. 시간이 지나 언젠간 서로의 삶 밖으로 걸어나가야 할지라도. 기억해줄래? 그건 아주 근사한 선물이 될 거야. 난 기억되고 싶어.

요즘은 다들 지금 당장 오늘 이 시간 안에 머무르지 않으면 안 될 것처럼 발버둥친다. 사람이 그럴 수가 없는데. 어떤 상처는 남고 어떤 기쁨은 오래 추억하고 싶은데 그게 금지돼 있는 느낌이랄까.

사실 오늘은 내가 기다려온 북클럽 모임이 갑자기 취소돼서 살짝 의기소침했다. 그런데 친구가 답장을 보내왔다. 그럼 3월에 보자고. 그리고 내가 보낸 책을 잘 읽고 있다고, 3월까지 모두 읽고 감상을 얘기해주겠다고 했다. 그 친구는 구름 관찰하기를 좋아한다. 멀리 보고 기다릴 줄 알고 뜨겁게 끓지 않는 따뜻한 마음을 오래 가져갈 수 있는 그의 힘에 감탄했다.

디뉴 선언(Digne Declaration)은 일명 '지구 기억의 권리 선언'으로 불린다. 지구와 사람의 기원, 역사는 같다는 철학을 배경으로 지구 역사를 간직하고 있는 지질공원을 보존하자고 주장했다. 마음에도 시간의 켜가 있다. 인간은 현재만 사는 것이 아니다. 시간은 거꾸로도 흐르고 그래도 된다. 내 역사가 사라지는 날 나는 이 세상에서 정말로 사라지겠지. 살아 있는 동안 마음껏 뒤를 돌아봐도 되고 멈춰도 되고 다시 기운이 생기면 힘차게 먼 미래를 꿈꿔도 된다.

이틀 후면 메주를 부수러 별소네에 간다. 이번엔 친구들이 동행하기로 했다. 다시 쨍한 겨울 공기를 맞이하리라.

**2월 5일 일요일 대보름**

**냄새가 난다. 메주 부수기**

해질 무렵엔 시장에 간다. 냄새를 맡기 위해서다.
거리를 걸으며 냄새를 먹는다.
  금요일 초저녁 후암시장을 걸으면 거리엔 온갖
냄새가 떠다닌다. 점심 땐 함바집이었다가 밤이면
주점이 되는 식당에 제육볶음을 올려놓고 둘러앉아
막걸리 한잔하는 일꾼들의 불콰한 얼굴. 어디서 샌
남은 막걸리가 아스팔트 길 위에서 시큼한 냄새를
내뿜는다. 서서갈비 집 자욱한 연기, 고기 굽는 냄새에
휩싸여 고단한 일주일을 마치고 들뜬 사람들의
표정을 보면 나도 저 회식 자리에 있는 듯 입꼬리가

올라간다. 저녁이면 어김없이 찾아오는 삼거리 트럭 전기통닭구이 냄새. 비릿한 바다 냄새가 생각나면 그 옆 횟집을 기웃거린다. 간판 밑 현수막에 메뉴를 빼곡히 적어놓았는데 끄트머리에 "총각 중매하시면 평생 회 공짜"라 써 있다. 5년째 저 문구가 그대로인 걸 보면 아직 유효한가보다. 혜택이 파격적이군. '어디 중매를 해봐?' 생각하지만 늘 입을 꾹 다물고 횟감에만 집중하는 사내의 모습을 생각하면 말 걸 용기가 쪼그라든다. '그 사이에 여자친구가 생겼을 수도 있잖아? 괜히 오버하지 말자.'

냄새를 잃어버린 도시에서 그나마 날것의 냄새를 흠향할 수 있는 곳, 동네 시장. 거기서 삶의 흔적을 찾으며 코를 킁킁거리던 나다.

그렇게 냄새에 굶주렸던 나에게 가평 시골집은 냄새가 아낌없이 가득한 곳이다. 대보름 일요일 점심, 꾸덕꾸덕 마른 메주가 가득한 가평 모모네 집으로! 든든하게 일꾼 친구 두 명까지 데리고 갔다.

어머니는 항상 밥부터 먼저 먹이신다. "시골에 오면 뭘 좀 잡숫고 가셔야지." 대보름 특식으로 떡국을 먹고 마당으로 나갔다. 조만간 고추장을 만들 건데 그 전에 미리 메주를 부숴야 한다. 지난해 12월 21일 쑤었을 땐 메주 색깔이 노랬는데. 병아리 깃털 안에 손을 집어넣었을 때처럼 콩 반죽의 따스한 온기와 습기를 느끼며 조물조물 틀 안에 메주 집어넣던 일이 생생하다. 어라, 마당에 두 줄로 질서 있게 비스듬히 늘어선 메주는 이제 엷은 갈색이다. 명태 마르듯 겨우내 차가운 산골바람 속에 이리도 말라갔으려나. 가까이 다가가 큼큼 냄새를 맡아본다. 냄새마저 밀도를 갖춘 듯 단단하게 느껴지는 건 기분 탓인가?

  마당에 자리를 깔고 쪼그려 앉아 망치로 메주를 내리쳤다. 팍팍. 더 세게. 퍽퍽. 발효된 메주가 서로를 끈덕지게 잡고 있어서 마른 쿠키처럼 파삭 단박에 쪼개지진 않는다. 큰 조각으로 몇 개 내리치고 나머지는 손으로 잘게 쪼갠다. 이 작은 조각을 가루로 내서 봄에 고추장을 만들 거다. 오늘 작업은 간단하게 끝났다.

  방에 들어가 몸을 녹인다. 어머니가 잣을 조금 내어주신다.

  "잣은 추워야 좋은데 이제 더워져서 응달에서만 수확을 해. 사과 농사를 못 짓던 곳인데 사과 농사를 지어."

　농가의 시름. 기후 변화가 여기선 추상적인 일이 아니다.

　일어서며 외투를 입을 때 코를 벌름거린다. 눈치 빠른 큰딸이 웃으며 말한다. "어머니 차에 태우면 항상 큼큼한 냄새 나요." 나도 온몸으로 냄새를 풍기며 서울로 돌아간다. 도착해서 수영장 탈의실 들어갈 때 존재감 제대로 증명하겠네.

　이날 점심 밥상: 만둣국, 배추김치, 무김치, 시금치 나물, 고사리 나물, 김자반

**2월 10일 금요일**

지금은 새벽 4시 30분.
 단 하나의 듣는 사람. 듣고 나를 이해할 수 있는 사람. 그 한 사람이 있으면 되는데.
 사랑이 없을 때 나는 아름답지 않다. 세상은 암전되고 모든 아름다움은 사라진다. 빛과 소리를 잃는다.

2월 15일 수요일. 부산 기장으로 떠나옴. 새벽에 진눈깨비 오다 날 밝으니 그침. 흐림.

혼자 여행을 떠나왔다.
　여행할 때 주로 느끼는 것은 연약해지는 느낌이다. (기장은 익숙한 곳이긴 하지만) 이 낯선 도시에 나를 부려놓으면 나는 누군가의 도움이 필요하다. 어쩌면 이 나약함이 나를 억지로 타인에게 열어놓게 만드는 걸지도 모르겠다. 혼자 여행할 땐 그 느낌이 더 극명해진다. 둘인 여행자는 낯선 세계에서 서로를 보호해주며 둘만의 성채와 소속감을 견고하게 지을 수도 있겠지만 홀로인 여행자는 타인의 친절에 절대적으로 의존한다.

봄

2023

**3월 1일 수요일. 이제 별로 안 추움. 살짝 흐림**

3월의 물. 눈 녹은 물에 간장 담그면 맛있댔는데……
된장 담근 날

꽃이 피는 순간을 어떻게 알 수 있을까? 팔짱 끼고
노려보면 알 수 있을까? 그 순간의 운동과 소리를.
아무래도 알 수 없다. 포기하고 돌아섰다 잊고 어느 날
문득 보면 피어 있다. 매화도 산수유도 진달래도.
 봄도 그렇다. 언제 오나, 하고 간절히 기다리면
안 오고 무심히 돌아서 있으면 성큼 와서 나는 늘 그
순간을 알아채기에 실패한다. 어쩌면 내 눈과 감각이
눈치 못 채는 사이에 봄은 아주 느린 속도로 계속해서
오고 있는 게 아닐까? 인간의 눈으로 그 속도를 못
볼 뿐이지. 내 눈에 안 보인다고 해서 쉽게 없다고

단정하지 않겠다. 봄에는.

"옛말에 눈 녹은 물에 간장 담그면 맛있다고 했는데."
숲은 아직 갈색이다. 저 마른 가지 안에 봄물이 오르고 연두 순이 예비돼 있다는 걸 아직은 믿을 수 없다.

오늘은 된장 담근다. 3월 1일, 어머니가 특별히 고른 상서로운 날이다.

체에 천을 받치고 천일염에 물을 부어 소금물을 만든다. 불순물을 거르고 말간 소금물만 남긴다. 마당 구석에선 쉬는 날이라고 딸과 함께 놀러온 모모 친구가 불 피워 숯을 달군다. 소독한 숯을 이따 독 안에 넣을 테다. 25됫박(두 말 반) 소금물에 메주가 4말이다. 독에 넣고 소금물을 부으면 60일 후에 간장이 된다. 거기서 메주를 건져내면 그게 된장이다.

숯은 언제 달구고 소금물은 언제 붓나. 까닭 없이 마음이 급한데 어머니 말씀이 옛날에 옛날에…… 누가 겨울에 마음이 급하니까 독에 바로 휭 하니 뜨거운 물을 부었단다. 그랬더니 독이 깨졌다. 날은 아직 덜 풀려 춥고 독은 얼어서 찬데 거기 펄펄 끓는 물을 부었으니 그럴밖에.

"여유롭게 시간을 가져야지 일을 급하게 할 게 아니란 걸 깨달았어. 그래서 '다섯까지만 세어라' 이 말을 생각해. 근데 그게 되나? 누구나 성질이 나면 바로 말이 나오지."

그래도 기다림이 저보단 훨씬 나으십니다, 어머니. 비록 어머니께서 아드님 구박은 안 하는 날이 없으시지만요. 헤헤. (이집 모자는 거의 명창과 고수 수준으로 구박과 대거리를 데퉁스레 주거니받거니 하는데 장단이 찰떡같이 잘 맞다. 오히려 재미 삼아 시름 잊자고 부르는 노동요가 아닌가 하는 생각이 들 정도?)

준비가 다 되었다. 메주 담긴 독에 소금물 붓고 반짝반짝 말린 고추, 생깨를 토핑처럼 올렸다. 거기 발갛게 달군 숯 세 조각을 넣는다.

치이익.


요약할 수 없는 감정이 있다. 천천히 멈추었다 읽고, 잊은 듯 덮어두었다 다시 들춰봐야 이해되고 치유되는 마음이 있다. 예술은 시간을 담는 작업이다. 시간을 들여야만 보이는 아름다움을 발견하는 과정이다.

　독에 안전하게 넣어둔 메주처럼 나를 다독이자. 머리 위에 도기 뚜껑을 덮고 너무 눈부신 빛과 너무 소란한 세상에서 물러나 나를 발효시키자. 독 안은 어쩌면 꿈 없는 잠 같으리라. 치이고 아파서 모든 것이 두려워진 날, 별 뜻 없는 작은 말에도 쉽게 상처 입는 때 나는 모든 걸 덮고 이불 속에 들어가듯 독문을 닫아버릴 테야. 3월의 물(Waters of March)을 기다려야지. 내가 마중 안 가도 봄이 오겠죠? 봄물이 내 발끝을 적시고 마음을 살살 녹여 펴줄 때까지 마냥 가만 있어도 좋을 거야. 혼곤한 봄잠 속.

　남은 재를 뒤적이며 마당에 숯불은 사위어 가는데 오늘 모모 표정이 안 좋다. 어제 오래 키우던 모모네 멍뭉이 우정이가 세상을 떠났다. 우정이가 죽어서 첨엔 엄마가 장 담그는 데 오지 말랬다가 강아지니까 와도 괜찮다고 했단다. 요즘 아침엔 공사 현장에서 주차 대신해주는 알바를 하고 있어 피곤하기도 하고……

　산다는 건 소중한 걸 잃어가는 과정일까? 그러나 그 기억이 우리에게 무언가를 남겼다면 잃는 게 두렵고 아파서 사랑하는 일을 멈춰야 할까? 다시 너를 처음

만난 그때로 돌아간다면 난 외면할까? 아니야. 난 똑같이 할 거야. 또 널 사랑하고 아파하겠지만 두려움 없이 너를 힘껏 끌어안을 거야. 게다가 이건 결심한다고 되는 일이 아니어서 나는 어쩔 수 없이 또 사랑하게 되겠지. 살아가게 되겠지.

그나저나 다음엔 또 뭘 하지? 모모가 깡보리밥에 고추장하고 김치 슥슥 비벼 먹으면 맛있다 한다. 봄에 나물이랑 해서 비빔밥 해먹으면 맛있겠네. 근데 깡보리밥이 뭐죠? 다른 쌀 안 섞고 보리만으로 만든 밥이 깡보리밥이래.

"그럼 깡보리밥의 '깡'이 깡쏘주 할 때 그 '깡'이에요?"

또 술 생각!

뜻밖의 전개에 술이 약한 모모가 자지러지게 웃는다.

"네, 맞아요. 바로 그 '깡'이에요."

난 비빔밥에 들기름 듬뿍 넣을 거야.

## 3월 5일 일요일 오후. 뽀얀 먼지 사이로 봄 햇살 내려오다

제법 포근하다. 뽀얀 먼지 사이로 봄 햇살이 내려온다.
봄은 졸음. 종일 뒹굴고 싶은 걸 침대에서 벌떡 일어나
창문을 열어젖힌다. 바람이 살랑 피부에 닿는 느낌이
좋다.

 봄은 청소에서 시작된다. 단단히 헤어질 결심을
한다. 버릴 것을 대용량 쓰레기봉투에 착착 집어넣는
일요일 봄 낮. 보낼 것을 미련 없이 보내고 나면 그
자리에 들어앉을 것이 무엇일지, 근거 없이 기분 좋은
예감과 막연한 낙관으로도 마음은 충분히 배가 부르다.

**3월 6일 월요일**

그 말이 나를 반하게 했다.

"Why not? Sure, let's do it!"

그거 어떤 거야? 괜찮은 거야? 자세한 걸 확인하지 않고 묻지도 따지지도 않고 선선히 "네가 좋아하니까 한번 해보자" 하고 대답해주는 마음. 그 말 한마디면 나를 반하게 하기에 충분하다.

신뢰의 도약(leap of faith). 믿음은 때론 증거를 필요로 하지 않는다. 다칠 위험을 기꺼이 감수하는 일을 우리는 사랑이라고 부른다.

3월 7일 화요일. 따뜻하고 나른한 봄날. 흐린 듯 맑음.

누군가 하나의 점이 될 때까지 우두커니 서서 뒷모습을 지켜봐주는 일. 그걸 해본 게 언제였나.
    우리는 과거를 향해 걸어갈 수도 있다. 충분히 음미하다가 진실로 떠나고 싶을 때 떠나도 좋다. 어떤 사람에겐 잊히지 않는 기억도 있는 것을. 오래 지켜봐주고 싶은 그리움도 있는 것을.
    봄은 애잔하다.
    가물가물 감기는 눈 속에 이젠 곁에 없는 반가운 얼굴들이 차례로 나타난다. 눈이 깊고 웃음이 예쁘던 누군가도 있고 열정과 충동에 한없이 솔직하던 들뜬 모습의 누군가도 있다. "어디 갔어?" 난 늘 찾곤 했지.

그들은 묻지 않아도 나타나다가 언제부턴가 내가 찾아도 잘 나타나지 않다가 마침내 영영 나타나지 않았다. 이제 "어디 갔어?" 해도 나타날 일은 없다. 한참 울다가 부재에 익숙해져서 더이상 나도 찾거나 원하지 않게 되었다. 그러나 가끔 마음속에 그려보는 일만큼은 자유다. 삶이 힘들 때 가끔 지난날로 돌아가 머물러 볼 기억이 있다는 건 낡고 편안한 의자를 갖고 있다는 것 아닐까.

새로운 사랑을 향해 나는 가야겠지. 그치만 조금만 더 이 달콤한 상념 속에 머물러보고 싶은 오늘은 나른한 봄날.

파주에서 일하다 이런저런 생각을 끼적여본다.

아직 파란 풀이 돋을 기미는 보이지 않고 매화도 피려면 멀었는데 먼 데서 사이렌 소리를 울리며 차가 한 대 지나가고 소리는 먼지 낀 대기 속으로 흩어져 사라진다.

**3월 12일 일요일. 해질녘 침묵의 소리**

해질녘이다.
    일요일 오후 4시. 가장 쓸쓸한 시간. 길어지는 그림자는 마음을 분주하게 하는데 어쩌면 나의 전(全) 생애도 딱히 한 일이 없는 것 같아 나 자신에게 가혹해지려는 충동을 참기 어려운 찰나. 창문을 열고 밖을 바라본다.

3월 23일 목요일. 흐린 듯하나 따뜻한 날씨.

**양평 시장 나들이**

모모랑 수정이랑 양평 오일장 봄나들이를 갔다. 모모는 두부를 사야 하고 나는 후룩후룩 국밥이나 먹겠다고 갔다.

끝자리가 3일, 8일마다 열리는 장날 대낮 시장바닥은 사람으로 북적인다. 모모는 '굳이 여길 부러 찾아올 것까지 있나?' 하는 표정이고, 나랑 수정이는 신이 났다.

봄나물이 지천이다. 지글지글 고소한 기름 냄새에 고개를 돌렸다가 믿기 어려운 광경을 목격했다. 냉이전과 달래전! 서울에서 보는 쩨쩨한 전이 아니다.

귀하고 손질하기 어려운 냉이와 달래를 썰지도 않고 도토리가루반죽 위에 그대로 주르륵 턱하니 얹어 부쳤다. 이 관대한 풍요는 뭐지?

그러나 봄날의 대낮은 졸음. "가평잣, 잣베개, 가평잣, 가평잣, 정력보강 피로회복 가래기침 아랫배가 찬 여성, 가평잣, 가평잣……" 매대에 잣이며 잣강정 예쁘게 늘어놓고 그늘막 아래 할아버지 주무신다. 접의자에 앉아 고개가 갸웃 기울었는데 딱 안정적인 각도에서 멈췄다. 꿈을 꾸시나. 깊게 패인 골은 잠속에서도 꽤 심각한 표정이다. 부디 봄날의 혼곤한 꿈이 평안하길.

늦은 점심을 먹으러 순댓국밥집에 갔다. 오늘은 내가 쏜다! 큰맘 먹고 수육을 함께 시켰다. 2월 마지막 날 세상을 떠난 우정이 이야기를 했다. 모모의 열 살 난 딸은 우정이의 죽음으로 비로소 영영 사라지는 일이 뭔지 배웠다.

"제 동생이 서른두 살 때 죽었거든요. 그때 제가 서른여덟이었어요. 그때 그런 생각을 했어요. '살아 있으면 희망이라도 가지지.' 이제 언젠가 만날 수 있다는 기대조차 못 하게 된 거잖아요."

그러자 수정이 실향민 얘기를 한다.

"북한에 형제를 두고 온 사람들은 그렇게
생각한대요. '차라리 죽었으면 괴롭지라도 않지.'
북에서 어떤 삶을 사는지 아니까……"

삶도 죽음도 쉽지 않다. 하나 한 가지, 삶이 그렇듯
무심히 죽음을 말하는 일이 너무 슬플 건 없다. 죽음이
영영 오지 않을 것처럼 없는 양 감추는 게 더 나쁘다.
우린 모두 언젠가 죽는다.

양평 장엔 어쩐지 직접 농사 지어 파는 직거래상도
많은 눈치다. 바닥마다 늘어선 콩, 나물, 각종 채소를
보다 보니 궁금해진다.

"모모, 농사지으면 다른 애들이 훔쳐가는 건
없어요?"

"일상이죠. 근데 새도 먹고 곤충도 먹고 '남은 걸
우리가 먹는다' 생각해요."

재밌는 건 이 도둑들도 좋아하는 음식이 따로
있다는 거다. 멧돼지는 고구마랑 옥수수, 고라니는
콩을 좋아한다. 그럼 인기가 없는 메뉴는? 비인기
종목은 들깨. 들깨는 아무도 안 먹는다. 난 들깨 좋은데.
순댓국이나 감자탕은 들깨가루 왕창 넣어 먹는 맛인데!

왜 안 먹지? 들깨의 참맛을 모르는 동물들이로구먼.

　더 어정거리고 싶은데 그만 집에 가야 한다.

　주차장으로 가는 길, 건널목에서 파란불을 기다리는 짧은 시간 동안 문득 모모가 말했다.

　"민정, 올해는 꼭 좋은 남자친구 만나요."

　힘차게 고개를 끄덕인다. 이 말이 기분 나쁘지 않은 이유는 나의 행복을 비는 모모의 마음이 진심인 걸 알기 때문이다. 순식간에 민정이 연애 조작단 출범. 남친 후보가 생기면 꾀어 모모네 빵 교실에서 스콘 만들기 체험을 하자고 데려오기로 했다. 모모가 적극 협조하고 수정도 가담하기로. 앗, 근데 여기 써버려서 보안 유지에 실패했네. 하지만 알더라도 모르는 척 따라와줘요. 알면서도 속아넘어가는 일, 믿고 싶은 거짓말, 일부러 들키는 허술함…… 그게 시작 아닌가요?

**3월 28일 화요일**

편집자의 삶에 대해서는 알려진 바가 거의 없다. 그들은 그다지 나서는 것을 좋아하지 않는 존재이기 때문이다. 혹은, 나서고 싶지만 한 겹 꺼풀 뒤에 몸을 숨기고 제 목소리가 아닌 듯 제 목소리를 전하고 싶어하는 조금은 수줍어하고 세상에 친밀감을 내보이길 겁내는 존재다. 한편으론 다부지고 고집이 세다. 거리를 유지하지만, 세상에 관심이 많고 인간에 애정이 있다. 대놓고 그렇게 말하자니 머쓱해서 그러지 않을 뿐. 세상과 사람에 관심이 없다면 책이란 걸 만들 리가 없다.

책도 결국 유혹하기 위한 수단이다. 술이나 음악처럼

순간을 포착하는 것과는 다른 방식으로. 편집자들은
좀더 항구적인 영향을 미치고 싶어한다는 점에서
불가능한 꿈을 꾸는 욕심쟁이다. 그들은 시간을 거슬러
살아남고 싶어한다. 건축가들을 닮았다. 설계하고
구조를 생각하고 오랫동안 지어 쌓아올려야 한다.
일부는 풍화를 뚫고 살아남아 기억되기도 한다.

'이 선생님이랑 몇 번째 작업이지?'
또 새 책이 나온다. 한 저자와 네번째(공저까지
포함하면 여섯번째) 작업, 함께 일한 지는 10년이
넘었다. 나도 오래 키워야 하는 작물을 돌보는 농부.

4월 9일 일요일. 몹시 맑고 쾌청하고 그러나 때늦은
꽃샘추위로 날씨는 쌀쌀한 날

봄이다. 꽃이 지천으로 흩날린다. 사람 혼을 쏙 빼놓기 좋은 풍경이다. 그럼에도 내 맘은 마냥 들썩이진 않는다. 막연히, 그러나 강렬히. 어디론가 떠나야 한다는 마음이 강해졌다.

   김홍중은 『은둔기계』에서 인간은 때로는 연결하고, 때로는 접속을 끊는 동물이라고 했다. 늘 연결되어(connected) 있지 않음은 얼마나 큰 축복인가. 봄에 나는 숨고 싶다. 동면을 마친 동물들은 활발히 따뜻한 대기 속을 활보하는데 나는 멀리 떠나고 싶고 눈을 감고 싶고…… 다시 새로 시작하기 위해서,

나는 비워야 하고 떠나야 함을 본능적으로 안다. 씨앗에 자리를 내주려고 비어 있는 땅처럼.

4월 10일 월요일. 오늘도 맑은 날. 강아지처럼 돌아다니고
싶은 딱 기분 좋은 온도의 쾌청한 날

"모모, 당신에게 저는 어떤 의미였어요?"
　하루하루는 덧없이 지나가는 것 같은데 막상
뒤돌아보면 먼 길을 기특하게도 왔다 싶다. 꼭 남긴 게
없어도, 인정받은 게 없어도. 무탈히 이렇게 살아낸
것만으로도 놀라운 일 아닌가.
　오늘은 회사에서 또 종이에 손가락을 깊이 베였다.
생각보다 아프다. 자주 있는 일인데 방심하고 있다가
베일 때 그 느낌을 떠올리면 오만상이 찌푸려진다.
남의 큰 고통보다 제 손톱 밑 가시가 더 아프다던데.
그 느낌이 너무 싫은데 지혈하고 연고 바르고 반창고

붙인 다음 딱 다섯만 천천히 세어보자. 조금 덜 아프다. 내 일에 집중하자. 그럼 어느 샌가 잊고 없다. 조금씩 자벌레처럼 앞으로 행진했다.

그리고 나를 도와준 사람들이 있다. 같이 걸어온 농부, 모모에게 난 어떤 의미였을까? 내 하찮은 노동이 농가 진흥에 크게 도움 안 됐을 것 같은데. 방해나 안 됐음 다행. 하지만 그런 것 묻지 않고 아마추어의 된장 만들기 여정에 기꺼이 자리를 내주었다. 시간이 바뀌고 일정이 뒤틀려도 화내는 법 없이. 그 마음이 고맙다. 내가 안달복달할 때마다 그가 하던 말이 생각난다.

"괜찮아요, 농부들은 마음이 넓어서 품을 수 있거든."

요거트 맛으로 치면 플레인. 넉넉히 다른 재료를 품을 수 있는 마음. 나도 그런 마음으로 나와 조금 다른 것들을 부드럽게 받아들이면 안 될지.

근데 나 혼자 받기만 한 건가? 다음에 만나면 물어보고 싶다.

"모모, 당신에게 저는 어떤 의미였어요?"

4월 12일 수요일. 미세먼지 엄청엄청 심한 날. 아름다운 봄 산이 잘 안 보여서 안타까움.

**트랙터 파워 드라이버! 된장 언박싱! 장믈리에 먹뚜기떼**

자두꽃을 처음 보았다.
  엷은 민트빛 꽃잎이 하늘하늘 봄바람에 팔랑인다. 자두꽃이었다. 난생 처음이어서 못 알아보았다. 엷은 민트빛에 아주 조금 노란 기운도 도는 꽃잎이 어찌나 예쁜지.
  오늘은 트랙터로 밭가는 날이다. 파워 드라이버, 운전에 자부심 있는 나지만 트랙터는 처음인데. 게다가 내 운전면허는 자동. 근데 트랙터엔 클러치가 있다고? 잠시 트랙터 몰다 고랑에 나동그라지는 그림을 머릿속에 그렸지만 어머니가 "나도 몰아" 하셔서 살짝 마음이 놓인다.

 덜덜덜. 시동 걸고 출발. 운전석 오른쪽엔 뒤의 커다란 쟁기 부분을 들어올렸다 내렸다 할 수 있는 레버가 있다. 이 레버를 앞뒤로 왔다갔다하면서 쟁기를 땅속 깊이 찔러넣고 들어올리고 하는데 너무 깊이 박으면 트랙터가 앞으로 안 나가고, 그렇다고 너무 들어올리면 밭이 별로 갈아지지 않으니 잘 조절해야 한다. 내 보기엔 리듬감이 중요하다! 땅의 지형을 잘 파악해야 한다. 너무 얕다 싶으면 더 깊이 넣었다가도 과하다 싶으면 또 살짝 들어올려줘야 한다. 그렇지. 모든 건 리듬이지.

 역시 난 파워 드라이버가 맞는 건가? 잘하네! 세로로 밭 시작점부터 끝까지 갔다가 크게 회전해서 다시 돌아오는데 그새 익숙해졌다고 신이 난다. 꺄아꺄아 지르던 비명 소리 다 어디 갔어? 어느새 입을 꾹 다물고 집중. 이것 참 재밌는데? 한 바퀴 다 돌고 다음 섹션으로 다시 출발. 거봐, 뭬랬어요. 우리 엄마도 한다고 했잖아.

 갈던 밭 본다, 갈던 밭 본다. 트랙터 멈추고 갈던 밭 본다. 잠자던 흙이 느닷없이 불려나와 갈색이고, 죽은 식물의 뿌리며 잡초가 나뒹군다. 콩은 5월에

심는데 지금 한바탕 미리 갈아둔다. 그러면 밭이
숨을 쉰다. 갈았다가 다시 평평하게 하고 나면 흙이
풍성풍성해져서 발이 푹푹 빠진다. 나는 텍사스
부농이라도 된 양 트랙터 옆에 기대 포즈를 잡고
기념사진을 찍었다.

　마당 장독대에선 된장이 나를 기다리고 있다. 마침내
그날이 왔다. 따란. 된장 언박싱 날! 소금물 붓고 숯으로
소독하고 참깨 고추 토핑 얹어 발효시킨 내 된장. 어떤
맛일까?

　독을 열고 이제는 된장이 된 메주 덩이를 조심스레
건진다. 메주를 발효시켜 건진 건 된장, 독 안에 고인
물은 간장이다. 이걸 굳이 쓰는 이유는 같은 메주에서
된장이 나오고 간장이 나오는 줄 몰랐기 때문이다.
(콩으로 메주를 쑤는 건 알고 있었다.) 큰 다라이에
된장을 담고 네모난 형체가 사라지도록 주걱으로 쓱쓱
치댄다. 며칠 밖에 뒀다가 이제 항아리에 담아두고
먹으면 된다.

　"간은 여자가 봐야 돼." 어머니가 당당하게
말씀하신다. 콕 찍어 맛을 보니 그냥 짠맛이 아니고
어디서 쿰쿰한 맛이 올라오는 게 아주 잘됐다. 이집

장독대는 보물 상자다. 텍사스에서 친구 왔다고(이날 텍사스 출신 시은이도 같이 갔다) 뚜껑을 열어 고추장 명인의 1년, 5년, 10년 고추장까지 다 맛을 봤다. 와인만 n년산이 있는 게 아니로구나. 장블리에? 10년 숙성된 고추장은 빛깔이 검정에 가까운 빨간색이고 얼핏 한약 같은 맛도 난다. 빈티지 된장! 어머니 말씀이 장은 콩맛이라고. 고추장도 마찬가지란다. 메줏가루를 많이 넣어야 깊은 맛이 난다. 모두 콩에서 왔구나. "파는 건 처음에 맛나지만 깊은 맛이 없어. 나는 그냥 내 솜씨대로 하는 거야."

  어머니가 현미떡을 해놨다며 내주신다. 설기처럼 찰기 없이 부드럽게 흩어지는 식감이 일품이다. 사이사이 적당히 달콤한 팥. 떡에도 김치가 빠질 수 없다. 나랑 수정이랑 시은이 셋이 메뚜기떼처럼 달려들어 다 먹었다. 오늘은 진짜 아무 것도 안 먹고 가겠다고 사양하고 사양하다가 먹기 시작했는데 이렇게 잘 먹으면 이런 거짓말쟁이가 없다. 그렇게 한 상 먹고 나니 배가 든든하다.

  이제 우리의 이 여정도 거의 끝나간다. 5월엔 내가

간 밭에 콩을 심으러 올 것이다. 콩은 모내기철 벼처럼 심는 시기가 딱 엄격하게 정해져 있진 않다. 조금 일찍 심어도, 늦게 심어도 그만이다.

"콩도 꽃이 있어요?"

"보라색 꽃이 요렇게 있지. 함박처럼 피지. 자질구레~한 게. 열매는 어떻게 있든가 꽃이 피어야 돼. 곡식이 꽃 안 피는 월이 없대. 콩은 일찍 심으면 음력 6월 달(양력 7월)에 꽃이 피어. 유월엔 매사가 다 꽃이야. 배도 유월 말 되면 이삭이 나오고. 감은 감이 맺히면서 꽃이 피어. 옥수수도 개꼬리라고 끝에 술처럼 늘어지는 꽃이 피어. 옥수수는 아무 때나 심어도 돼. 늦으면 늦가을에 먹고……"

어머니가 하는 말씀은 시 같다. 말이 예뻐서 어느새 귀 기울여 듣는다. 시인인 걸 어머니만 모르신다. 진짜 시인은 다 그런가?

**4월 14일 금요일. 미세먼지로 뿌연 서울 하늘**



**땅 없는 자의 선물. 자유, 경악스럽고 불안한 싱싱함**

인류가 농경을 시작하며 많은 문제도 생겨났다. 예측 가능성은 안정감을 주었지만 어쩌면 농경은 자본주의의 시초다. 안정은 불안의 기반이다. 잉여 생산은 집착의 시작이다. 계획은 둔함의 원천이다. 가진 것의 차이는 계급의 탄생이다.

그 지점에서 돌연한 이별이 생명을 얻는다. 살아 있는 것들은 안전한 곳에 발붙이려 하는 동시에 죽는 순간까지 새롭고자 한다.

나는 갑자기 튀어오른다. 충동을 따르고 훌쩍 떠난다. 내 머리를 시끄럽게 하는 것들로부터 도피해 있고 싶다가 회복되면 슬슬 굴 밖으로 기어나온다. 뭐 재미난 거 없을까? 나에겐 도시가 맞다. 농촌과 자연을 마냥 낭만화할 생각은 없다.

그러나 정착민이기도 하고 화전민이기도 하고 사냥꾼이기도 한 인간이 꼭 하나만 가져야 할까? 참으로 복잡한 동물인 인간에겐 어쩌면 모든 것이 다 필요하다. 난 아직 욕심이 많다. 다 가질 순 없다는 말이 무슨 뜻인지 알지만 우리가 그 모든 걸 '소유'하지 않아도 된다면 삶의 방식도 왔다갔다, 도시와 자연도 왔다갔다하며 살면 되지 않나? 그런 의미에서 모모와 나의 만남은 소중한 교집합이 되어주었다.

도시는 자주 너무 차갑고 독해. 그럴 때 달려갈 곳이 생겼다는 것. 모모, 아무 때나 놀러가도 되죠?

4월 14일 금요일. 구름이 좀 있긴 해도 화창하게 맑은 날씨.
춥지도 덥지도 않은 골디락스의 수프 같은 날


**안성 나들이 : 지요**

안성에 다녀왔다. 도예가의 정원 지요에 놀러갔다.
   벚꽃이 거의 지고 없는 벚나무 길을 걸어가는데 이이잉 이이잉 소리가 따갑게 귀를 울렸다. "무슨 소리지?" 꽃 터널을 지나고 나니 사라졌다. 혹시나 했는데 놀랍게도 꿀벌 잉잉대는 소리였다.
   엄나무 순을 처음으로 따봤다. 순은 억센 가시가 촘촘히 박힌 나뭇가지 끝에 달린다. 나는 사다리만 잡고 거의 따질 못했다. (초보가 나대면 부상 각이다.) 그래도 바닥에 떨어진 가지 끝에서 순을 좀 따보았다. 아래쪽 목을 단단히 잡고 똑 분지르면 명쾌하게 순이 떨어져나온다.

일을 마치고 마당에 친구와 나란히 앉아 천천히 흘러가는 구름을 보았다. 멍하니 구름 보기가 오랜만이었다.

이날 저녁 밥상: 아스파라거스 가니시를 곁들인 스테이크, 말린 토마토·참나물 파스타, 디저트로 친구가 사온 위고 앤 빅터 밀푀유, 내가 사갔으나 기이한 신맛만 강해서 실패한 논알콜 와인.

### 4월 18일 화요일. 잔잔하게 비 내리는 날

**자화상 시기: 원하는 것을 원하세요, 끝까지**

비가 고즈넉하니 온다.
　수정이가 화가는 자화상 시기를 거친다고 했다.
　아침, 샤워를 마치고 거울 속의 나를 바라본다. 잔주름이 늘어가고 그러면서도 넘어지지 않으려고 매일매일 애쓰는 나를 마주한다. 더 움직이고 더 좋은 것을 많이 보고 더 좋은 생각을 해야지. 무엇보다 아름다운 것을. 그러나 변화는 눈에 보이지 않는다. 어떤 날은 아이 모르겠다, 그만 다 놓아버리고 싶다.
　하지만 많은 변화가 사실은 눈에 보이지 않는다는 걸 기억해낸다.

식물이 자라는 걸 본 적 있던가? 피난 데 딱지가 앉아 새살이 돋는 건? 미움이 사라지고 다시 사랑하고 싶어지고 아픔이 희미해지는 건? 그 과정을 실감하며 확인한 적은 한 번도 없다. 하지만 어느 날 문득 뒤돌아보면 나아졌고, 앞으로 나아가 있었다. 그 사실을 믿는 거다. 그러니까 오늘 할 수 있는 일만 하자. 인내심을 가지고 조금씩. 기적은 일어나지 않아. 하지만 적어도 오늘 해야 할 일은 할 수 있을 거야. 그렇게 몸을 일으킨다.

내가 갈아엎은 밭은 어떻게 됐을까? 실비가 예쁘게 내리는데. 고랑 사이에 스며들어 땅에 새로운 기운을 줄까? 나에게 일어난 변화는 뭘까? 여기 아닌 어딘가와, 다른 방식과 속도를 생각할 수 있게 되었다는 것. 1년 내내 오래 지켜본 일이 하나 있었다는 것. 그것이 내가 맞이한 소박한 변화다.

괴테는 전 생애에 걸쳐 『파우스트』를 썼다. 멀리 바라보고 꿈꿨다. 조급해하지만 않는다면 대문호만 할 수 있는 일은 아니다. 그 시야와 호흡을 가져오자.

진정 소중하다고 생각하는 것을 얻는 일은 생각보다

어렵지 않다. 일단 원해야 한다. 얻을 때까지. 그런데 많은 이들이 원하고 소망하는 데서부터 실패한다. "그런 건 없다"고 단정해버리는 건 오히려 그 지난한 시간을 견디기 힘든 지구력 부족을 위무하려는 타협 아닐지? 그런 게 없긴 왜 없어. 그건 가봐야 알지 않아? 그렇게 소중한 것이라는데 정성과 시간을 들여야 하는 건 당연하잖아. 씨앗을 심고 기다려야지. 물을 주고 보살피고 사랑해야지. 누가 뭐래도 난 사랑할 거야.

**4월 23일 일요일. 흐린 아침, 파주로 운전해오며 한 생각**

**구름, 노을, 갈매기와 새우깡**

3년 전.
   연인이 된 후 맞이한 당신의 생일에 나는 작은 여행을 선물해주고 싶었다.
   장소를 비밀로 하고 내가 당신을 데려간 곳은 송도였다. 늘 새로운 곳을 모험하듯 다니던 우리가 처음으로 갔던 장소를 다시 찾았다. 그곳은 우리가 연애를 시작하던 때 멀리 차를 타고 데이트 간 장소였다. 우리는 천진난만한 연인들처럼 기억을 반추했다. 사탕을 와그작와그작 깨먹지 않고 입에 넣고 천천히 혀에서 굴리듯, 우리는 시간이 지나 더 달콤해진 기억을 아껴가며 음미했다.

"우리가 여기 왔을 땐 늦가을이었는데. 그때 당신은 두꺼운 크림색 스웨터를 입고 있었죠."

"그땐 이 카페에 사람이 거의 없었는데 이찌다 이렇게 유명해졌죠?"

해질 무렵엔 서해가 바로 바라다 보이는 공원을 걸었다. 바닷물은 저만치 물러나, 잔잔한 물결무늬가 끝없이 아로새겨진 뻘 바닥만 은은하게 빛을 되쏘고 있었다. 아름다웠다. 왠지 모르게 인생에서 더는 바랄 것이 없다는 생각이 어렴풋이 드는 그런 날이었다. 지금까지도 좋았고, 앞으로도 좋을 거야. 사랑이 있어서 좋았지만 그게 사라진다 해도…… 나름대로 괜찮은 날들이겠지. 그를 바라보았다. 그의 얼굴도 노을빛을 받아 부드러운 음영을 드리웠다. 평화롭게 기쁜 날이었다. 벅찬 느낌과는 또다른.

우리는 활기 넘치는 시간을 보냈다. 바다 쪽 난간에서 갈매기를 향해 새우깡을 던졌다. 갈매기들이 너무 프로페셔널하게 날아와 새우깡을 낚아채는 바람에 그도 나도 깜짝 놀랐다. 경쟁하며 맹렬한 속도로 돌진하듯 날아와 얼굴에 부딪히기라도 할 것 같았다.

그럴수록 나는 몸을 바다 쪽으로 쭉 내밀어 더 멀리 힘차게 새우깡을 던졌다. 그런 나와 달리 그는 갈매기 떼가 달려들 때마다 한발 물러나 흠칫하며 새우깡을 공중에 뿌렸다. 가벼운 새우깡은 멀리 날아가지 않고 흩뿌려지듯 떨어졌다. 그럴수록 짭조름한 과자 맛에 길든 새들은 더 그의 몸 가까이 왔다. 나는 새우깡을 던지는 팔에 힘을 주며 뒤로 물러선 그에게 외쳤다. "하나씩, 이렇게 더 힘차게 던져요. 야구공 피칭할 때처럼요." 하지만 그는 좀체 그러지 못했다.

다음날 아침 눈을 떴을 때 번쩍 어떤 생각이 나를 관통했다. '이제 헤어져야 해.'

그후로도 우린 꽤 오래 더 만났지만 그날 깔깔거리며 갈매기에게 새우깡을 힘껏 던지던 나와, 결정적인 순간 뒤로 물러서던 그의 모습은 우리 관계의 어떤 복선 같은 한 장면으로 내 마음에 남았다. 그럴 수 있지. 누군가는 마지막 한 걸음을 가지 않을 수도 있어. 그날의 예고편은 나중에 이해되었다.

1년 후 그와 헤어졌다.

"답은 알고 있는데 오랫동안 말을 못했던 것 같아.

우리 이제 헤어져야 돼요. 찰과상 말고 자상으로 해요.
한번에 깊이 찔러요. 다신 못 일어나게. 고통스럽지
않게. 상처의 표면이 쓰라리지 않게."

  사랑이 끝난 자리는 깔끔했다. 건조한 쓸쓸함이
남았다. 집으로 돌아온 나는 잔에 맥주를 채우며 드라마
다시보기를 재생하거나 집중하지도 않는 영화를 봤다.

  눈물이 흘렀다. 그래, 어쩌면 이것도 나쁘지 않아.
지리멸렬하게 남거나 빛바래지도 않는, 아름다운
순간의 애틋한 단면. 그 조각을 잘라내 기억의 빙하
속에 넣어. 난 절대 남루해지지 않겠어.

  존엄은 겉으로만 지켜졌다.

**4월 24일 회의로 다 털린 월요일. 하지만 노을은 예쁜 날**

노을의 마지막 빛이 땅에 드리울 때면 어딘가로 당장 떠나지 않으면 안 될 것 같고 지상의 남은 빛을 모조리 흡수해야 할 것 같다. 매일 지는 해인데 왜 그렇게 아까울까?

    그래서 늘 여름이 다가오는 게 좋았나보다. 빛이 머무는 시간이 더 길어져서. 여유롭게 그 시간을 홀짝홀짝 음미해도 되어서.

5월 7일 일요일. 흐리고 봄 같지 않게 춥지만 무척 마음에 드는 날씨


친밀

연인은 이상한 관계다.
　잠들었을 때.
　머리칼을 아무렇게나 흩트리고 모든 악쓰던 것을 관두고 저항 없이 침대에 누웠을 때.
　어떻게 곁에 잠든 사람이 나를 죽일 거라 의심하지 않고 저렇게 아무 무장 없이 잠들 수 있을까?
　함께 잠든다는 행위의 신비함. 전혀 섹슈얼하지 않은 의미에서의.
　동물 중 인간만이 이렇게 귀를 닫고 눈도 닫고 깊은 잠을 자는데…… 나를 해치지 않고 한밤에 나쁜 꿈에서

깨면 안아줄 거라 믿는 존재.

6월 14일 수요일. 커다란 구름이 떠다니는 맑은 날.
덥지만 아직 바삭한 대기가 농부를 도와준다

## 콩 심은 날

콩 심은 데 콩 나고 팥 심은 데 팥 난다.
   이제 나는 믿으마. 콩으로 메주를 쑨다고 해도.

   해가 중천에 떠오르기 전, 서둘러 솔솔 콩을 심고
나니 또 배가 고프다. 깡보리밥에 들기름, 머위나물,
된장찌개를 넣고 비벼 먹었다. 문자 그대로 손가락 하나
까딱할 수 없는 상태가 있구나. 몸으론 처음 알았어.
아주 작은 바람도 고맙게 살랑 귀밑의 땀을 가져가는
기척이 느껴지는 것은 일한 후의 선물인가? 멀리
커다란 뭉게구름이 천천히 흘러간다. 열심히 일하고

맛있게 먹고 나니 잠이 오네. 동물인가? 순정하고 행복한 동물.

영광의 메주 수여식. 올해 오이고추 찍어 먹을 디핑소스는 충분히 확보했다.

맺음말

**연결된 느낌을 회복하다. 고독한 서울러의 심정적 농부 되기**

마음이 콩밭에 가 있던 한 해였다. 마음을 콩밭으로 보내야 했던 한 해였다.

 이 프로젝트는 외로움에서 시작되었다. 지난해 2월, 사랑을 잃고 실의에 빠져 있을 때 큐레이터로 일하는 친구 수정이가 농부랑 뭔가 같이하며 글을 써보지 않겠냐고 했다. 그 뭔가가 딱히 정해져 있진 않았다. 미술관 프로젝트라고 했는데 밖에서 몸 쓰고 흙 만지는 일이 더 많을 것 같았다. 냉큼 하겠다고 했다. 몸을 써야지. 허우적거리지 않으려면 뭔가 마음 돌릴 곳이 필요했고 가평은 나를 강제로 이동시키기에 딱 적당한

거리 같았다.

세상은 자꾸 목적이 이끄는 삶을 살라고 하던데, 그럼 나는 무목적성과 변수가 이끄는 삶을 살아보자. 가만히 맡겨보자.

요술봉을 휘둘러 뿅 하고 일어나는 변화, 그런 건 없다. 그런데 그런 허황한 변화는 없다는 게 곡식이 내게 들려준 이야기 아닐까? 계절의 아름다움과 보채지 않아도 도착하는 기다림의 힘, 문득 변하는 날씨처럼 모든 것을 통제할 수 없어서 오히려 내일이 기대되는 삶의 경이로움. 그것이 내가 받은 선물이다.

적어도 나를 구했으니 이 메주 만들기 프로젝트는 성공한 셈이다. 아픈 마음이 서서히 옅어지고 용건 없이 대화할 친구를 찾았고 어느 날 문득 쉬고 싶으면 편히 문 두드려도 좋을 가평 사는 농부 삼촌 모모와 한 번도 뭐라도 먹이지 않곤 돌려보내는 법 없는 된장 명인 어머니를 얻었다. 세상과 연결된 감각이 드문드문 나를 지탱해주었다. 그 힘이 있으면 난 살아갈 수 있다. 돈이 부족하면 불편하지만, 사랑이 없으면 우리는 조금도 살아갈 수가 없다.

도시와 콩밭을 오가며 살아낸 나의 분투기가

다른 누군가에게도 용기를 준다면 좋겠다. 때로는 계절의 흐름에 가만히 몸을 맡겨도 된다. 모든 것을 너무 계획하지 않아도 된다. 농촌 사는 친구가 있어 놀러가거나 경작할 한 떼기 땅이 있으면 금상첨화겠지만 여의치 않으면 옥상 텃밭도 좋고 베란다 화분도 좋다. 내 의지대로 안 되고 날씨와 햇빛과 온도에 의지해야 하는 무언가를 길러보길 추천한다. 정작 나처럼 뭔가를 기르는 데 젬병이면? 동네 공원이나 놀이터에 몰래 내 나무를 정해두고 산책할 때마다 만나 얼마나 자랐는지 시시때때로 살펴보고 비온 후 안부를 묻는 것도 좋지 않을까?

 가장 중요한 건 생각을 해서는 안 된다는 거다. 일단 밖으로 나가고, 생각은 그다음에 하자. 동네 시장이라도 한 바퀴 돌아봅시다. 영차영차.

Thanks to

부르고 싶은 이름이 많다.
 나는 나만으로 구성되어 있지 않다.

 Thanks to 쓰고 싶어서 책을 썼어요. 한 해 동안 낯선 자에게 기꺼이 밭과 시간을 내주고 저를 먹여준 농부 김영기 님과 어머니 박선영 님께 고맙습니다.
 큐레이터 수정과 내 첫 글을 선뜻 출간하겠다고 받아준 박성진 편집장님. "나를 믿어준 당신을 실망시키고 싶지 않아." 그런 마음으로 이 글을 썼습니다. 친구들이 모이고 또 모여 술과 맛난 음식 좋아하는 함익례

디자이너, 제 내밀한 역사를 기억하는 박혜미 편집자,
물의 매혹과 숨의 깊음을 이해하는 조성진 감독님도
함께해주었어요. 우와, 민정이는 복도 많지!

독립적이고 쿨하고 바쁘거나 바빠 보이면 추앙받고,
누군가가 필요하다고 말하고 외로움을 호소하고
도움을 원하는 모습이 의존적으로 보이는, 그리고
타인을 의지하는 게 의심의 여지없이 바람직하지 않은
모습으로 비치는 세상이 되었습니다.
 그런 세상에서 외로움이란 감정을 처음으로
끄집어내 정직하게 들여다볼 수 있게 도와준 『외로운
도시』(올리비아 랭), 생각해보면 인간은 원래 서로
기대고 의존해야 하는 존재로 태어났음을 일깨워준
『빈곤 과정』(조문영), 테드 강연 〈The Power of
Vulnerability〉를 통해 '친밀 애착(사실 친밀감 이상의
바짝 붙기 같은 'frientimacy'라서 이렇게 번역해봄)'과
우리의 연약한 면을 드러내는 일의 소중함을 알려준
브레네 브라운, 마지막으로 내가 기획하고 편집한 책
중 가장 마음에 드는 『고독한 이방인의 산책』의 저자로
10년째 함께하고 있는 다니엘 튜더에게 고맙습니다.

어쩌면 나의 글도 다니엘이 쏘아올린 작은 용기에서 비롯되었을지 모릅니다. 외로움은 지질하지 않다, 현대사회의 신종 질병일지도 모른다, 우린 서로 도와달라고 말해도 좋다. 그러려면 먼저 외로움에 붙은 사회적 낙인부터 떼어내야 한다. 우리가 터놓고 외롭다고 말하는 데서 사회적 변화를 시도할 수 있다. 그리고 뭐 또, 좀 못나 보이면 어떻습니까? 난 어차피 불완전한 인간인 걸. 그러나 그 떨림과 흔들림과 불안함 덕분에 인간이 아름답다고 믿습니다.

  어머니, 아버지, 모험이 넘치는 이 세상에 태어나게 해주셔서 감사합니다. 최호순 님과 구형진 님의 사랑으로 태어난 이후 지난 몇 년간 연애 안 하고 딴짓거리 헛짓거리 열심히 하는 동안 함께 나의 온갖 여정에 동참해주며 이제 나의 찐친이 된 취미 공동체 친구들! 올공 SSM 수영 친구들과 영어 모임 친구들, 내 무엇을 믿고 그렇게 아낌없이 다정함과 사랑을 나누어주었지? 아마도 그건 용감한 다이빙 같은 신뢰의 도약(leap of faith). 나도 그렇게 묻지도 따지지도 않고 좋아해줄 거야. 환대해줄 거야. 우리에게 필요한 건 그런 거니까. 희영님 사랑해요! 최길동 한나야,

매일 밤 우리의 건강 통화는 너무 즐거워. 가끔 만나도 편안한 고향 친구 보령, 미경. 내가 많이 아낀다. 우리가 보낸 세월, 이제 동료 이상인 매지와 강신은 님께도 감사합니다. 저보다 더 저의 재능을 믿어준 준석 오빠, 고마워요. 광수야 안녕? 최진아·김민호 선생님, 정병설 선생님, 안대회 선생님, 최선재 실장님, 이서련 연구원님, 우리 맛집 탐방 계속해요.

이 책의 첫번째 독자가 되어준 전병민 님께 감사를 표하며 말하고 싶어요. 우린 Koreanize 되지 않고 그저 우리 자신으로 존재하자. 지금, 여기.

마지막으로 누구일지 몰라도 이 책을 읽고 있을 아름다운 존재인 당신에게 이 책을 바칩니다.

저의 지속가능한 글쓰기를 위해 이 책의 초판을 다 팔 수 있다면 좋을 텐데요! 저를 지탱하고 응원해달라고 말할 때 부끄러움을 느끼지 않아도 괜찮겠습니까?

2023년 7월<br>
구민정

**메주월령가**
땅 없는 농부가 콩으로 메주를 쑤는 법
ⓒ 구민정

| | |
|---|---|
| 초판 인쇄 | 2023년 6월 21일 |
| 초판 발행 | 2023년 6월 28일 |

| | |
|---|---|
| 지은이 | 구민정 |
| 기획·책임편집 | 구민정 |
| 편집 | 박혜미 |
| 디자인 | 함익례 |

| | |
|---|---|
| 발행처 | 사이트앤페이지 |
| 발행인 | 박성진 |
| 출판등록 | 2018년 3월 28일 제 2019-000007호 |
| 주소 | 경기도 양주시 장흥면 유원지로94번길 62 |
| 이메일 | siteandpage@naver.com |
| 전화 | 02-6396-4901 |
| 홈페이지 | www.siteandpage.com |
| ISBN | 979-11-976350-5-2 03810 |

이 책의 판권은 지은이와 사이트앤페이지에 있습니다. 이 책 내용의 전부 또는 일부를 재사용하려면 반드시 양측의 서면 동의를 받아야 합니다. 잘못된 책은 구입하신 서점에서 교환해드립니다.